백발백중
2025

추천
도서
전국컴퓨터
교육협의회

자동채점 프로그램과 무료 동영상 강의 제공

iTQ 파워포인트 2016

한정수, IT연구회 지음

KB144676

IT연구회

해당 분야의 IT 전문 컴퓨터학원과 전문가 선생님들이 최선의 책을 출간하고자 만든 집필/감수 전문연구회로서, 수년간의 강의 경험과 노하우를 수험생 여러분에게 전달하고자 최선을 다하고 있습니다. IT연구회에 참여를 원하시는 선생님이나 교육기관은 ccd770@hanmail.net으로 언제든지 연락주십시오. 좋은 교재를 만들기 위해 많은 선생님들의 참여를 부탁드립니다.

권경철_IT 전문강사
김수현_IT 전문강사
김현숙_IT 전문강사
류은순_IT 전문강사
박봉기_IT 전문강사
문현철_IT 전문강사
송기웅_IT 및 SW전문강사
신영진_신영진컴퓨터학원장
이은미_IT 및 SW전문강사
장명희_IT 전문강사
전미정_IT 전문강사
조정례_IT 전문강사
최은영_IT 전문강사
김미애_강릉컴퓨터교육학원장
엄영숙_권선구청 IT 전문강사
조은숙_동안여성회관 IT 전문강사

김경화_IT 전문강사
김 숙_IT 전문강사
남궁명주_IT 전문강사
민지희_IT 전문강사
박상휘_IT 전문강사
백천식_IT 전문강사
송희원_IT 전문강사
윤정아_IT 전문강사
이천직_IT 전문강사
장은경_ITQ 전문강사
조영식_IT 전문강사
차영란_IT 전문강사
황선애_IT 전문강사
은일신_충주열린학교 IT 전문강사
옥향미_인천여성의광장 IT 전문강사
최윤석_용인직업전문교육원장

김선숙_IT 전문강사
김시령_IT 전문강사
노란주_IT 전문강사
문경순_IT 전문강사
박은주_IT 전문강사
변진숙_IT 전문강사
신동수_IT 전문강사
이강용_IT 전문강사
임선자_IT 전문강사
장은주_IT 전문강사
조완희_IT 전문강사
최갑인_IT 전문강사
김건석_교육공학박사
양은숙_경남도립남해대학 IT 전문강사
이은직_인천대학교 IT 전문강사
홍효미_다산직업전문학교

BM (주)도서출판 성안당

■ 도서 A/S 안내

성안당에서 발행하는 모든 도서는 저자와 출판사, 그리고 독자가 함께 만들어 나갑니다.

좋은 책을 펴내기 위해 많은 노력을 기울이고 있습니다. 혹시라도 내용상의 오류나 오탈자 등이 발견되면 "좋은 책은 나라의 보배"로서 우리 모두가 함께 만들어 간다는 마음으로 연락주시기 바랍니다. 수정 보완하여 더 나은 책이 되도록 최선을 다하겠습니다.

성안당은 늘 독자 여러분들의 소중한 의견을 기다리고 있습니다. 좋은 의견을 보내주시는 분께는 성안당 쇼핑몰의 포인트(3,000포인트)를 적립해 드립니다.

잘못 만들어진 책이나 부록 등이 파손된 경우에는 교환해 드립니다.

저자 문의 e-mail : thismore@hanmail.net(한정수)

본서 기획자 e-mail : coh@cyber.co.kr(최옥현)

홈페이지 : http://www.cyber.co.kr   전화 : 031) 950-6300

다운로드 | 학습 자료 내려받기

1. 성안당 사이트(www.cyber.co.kr)에서 로그인한 후 [자료실]을 클릭합니다.

2. 검색란에 『ITQ』를 입력하고, 『2025 백발백중 ITQ 파원포인트 2016』을 클릭합니다.

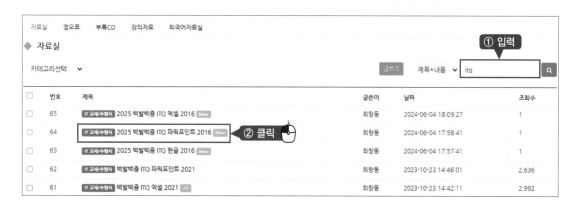

3. 『315-8712.zip』을 클릭하여 자료를 다운로드한 후 반드시 압축 파일을 해제하고 사용합니다.

4. 자료파일 구조

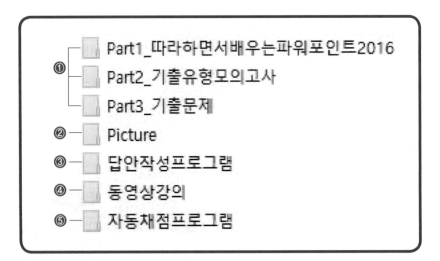

① 소스/정답 파일 : Part1~3까지의 소스/정답 파일을 제공합니다.

② [picture] 폴더 : 답안 작성에 필요한 이미지를 제공합니다.

③ [답안작성프로그램] 폴더 : 답안작성 프로그램 설치파일이 있습니다.

④ [동영상강의] 폴더 : 무료 동영상 강의 파일을 제공합니다.

⑤ [자동채점프로그램] 폴더 : 자동채점 프로그램 설치파일이 있습니다.

※ ③번과 ⑤번 프로그램은 마우스 오른쪽 단추를 클릭하신 후 [관리자 권한 실행]을 클릭하여 설치하시기 바랍니다.

1 | 웹사이트 채점

1 'http://www.comlicense.kr/' 사이트에 접속한 후 ITQ
파워포인트 2016 표지 아래의 [채점하기] 버튼을 클릭합
니다.

인터넷 채점은 PC의 설치 환경이나 엑셀 프로그램의 정품 여부에 상관없이 채점이 가능하며, 다양한 학습 서비스가
제공됩니다.

※ PC 설치 버전에서는 운영체제나 다른 프로그램 및 엑셀 프로그램의 정품 여부에 따라 설치 및 실행 시 에러가 발생할 수
있습니다.

2 '회차선택'에서 문제를 선택한 후 [채점할 파일 선택]에서 작성한 정답 파일을 찾아 선택하고,
[열기]를 선택한 후 [채점시작] 버튼을 클릭합니다.

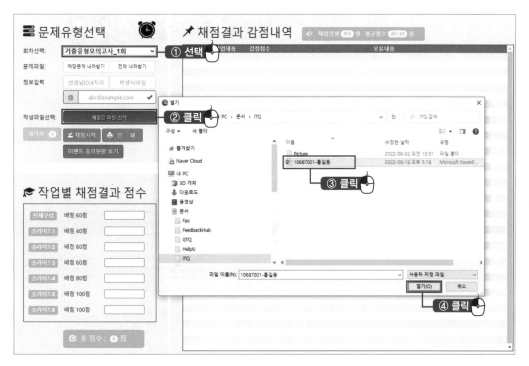

3 왼쪽의 '작업별 채점결과 점수'에서 문제별 점수를 확인할 수 있고, 오른쪽의 '채점결과 감점내역'에서 문제별 세부 오류 내용을 확인할 수 있습니다.

4 화면 하단의 [해당 회차의 점수별통계 보기]에서는 해당 문제를 채점한 전국의 독자들의 점수별 통계를 확인할 수 있고, [해당 회차의 동영상강좌보기]에서는 문제별 저자 직강 무료 동영상 강의를 학습할 수 있습니다. 특히, 화면 상단의 [도움말]에서는 학생들의 단체시험 점수 확인 방법 등 인터넷 채점의 모든 기능을 자세히 확인할 수 있습니다.

2 자동채점 프로그램 설치(PC 버전, 사용 방법은 웹사이트 채점 참고)

1 ITQ_엑셀-파워포인트(2016).exe 파일을 마우스 오른쪽 단추를 클릭한 후 [관리자 권한으로 실행]을 클릭하여 설치합니다.

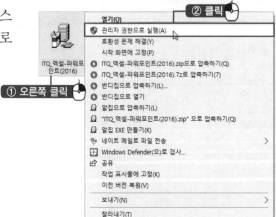

자동채점 프로그램 설치 및 사용법

2 [성안당 ITQ 채점프로그램 설치] 대화상자에서 [다음]을 클릭합니다.

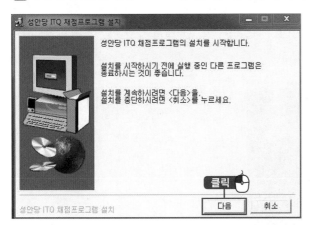

3 [성안당 ITQ 채점프로그램 설치] 대화상자에서 프로그램을 설치할 폴더를 확인한 후 [설치 시작]을 클릭합니다.

4 설치가 완료되면 컴퓨터를 재시작하여 설치를 완료합니다.

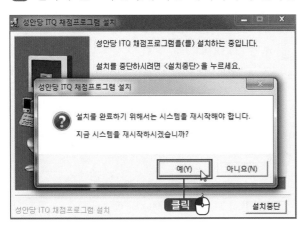

1-7

단계 1 답안작성 프로그램 설치

1 [자료실]에서 다운로드 받은 'KOAS수험자용(성안당)'을 더블클릭한 후 그림과 같이 설치화면이 나오면 [다음] 단추를 클릭합니다.

2 프로그램 설치 폴더를 확인한 후 [설치시작] 단추를 클릭합니다.

3 설치가 끝나면 [확인] 단추를 클릭합니다.

4 바탕화면에 'ITQ 수험자용' 바로 가기 아이콘 이 생성됩니다.

※ 기존 답안작성 프로그램을 삭제하지 않고 ITQ의 다른 과목(엑셀, 파워포인트)에 수록된 답안 작성 프로그램을 중복설치해 사용해도 됩니다.

단계 2　답안작성 프로그램 사용

1　바탕화면의 'KOAS 수험자용' 바로 가기 아이콘 █ 을 더블클릭하여 실행합니다.

2　[수험자 등록] 대화상자에 수험번호를 입력하고 [확인] 단추를 클릭합니다(문제지의 수험번호를 입력합니다).

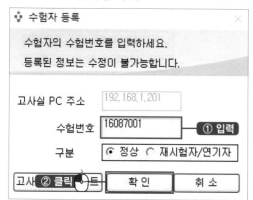

3　시험 버전을 선택하고 [확인] 단추를 클릭합니다.

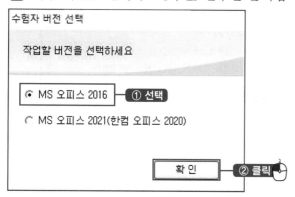

4　[수험자 정보] 창에서 수험번호, 성명, 수험과목, 좌석번호, 답안폴더를 확인하고 [확인] 단추를 클릭합니다.

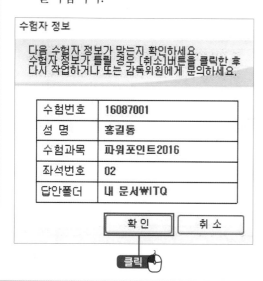

5 감독관의 지시하에 시험이 시작되면 키보드의 아무 키나 클릭하여 시험을 시작합니다. 바탕화면의 오른쪽 상단에 답안작성 프로그램이 나타납니다.

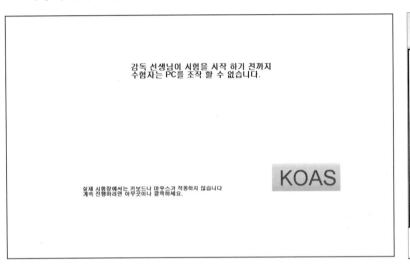

Check Point

답안작성 프로그램의 각 단추 설명

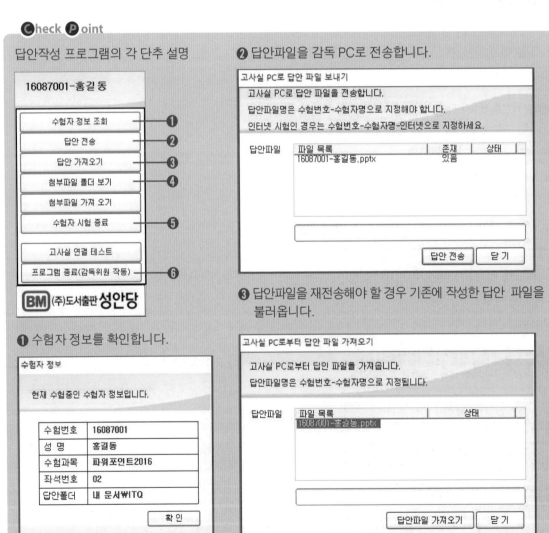

① 수험자 정보를 확인합니다.

② 답안파일을 감독 PC로 전송합니다.

③ 답안파일을 재전송해야 할 경우 기존에 작성한 답안 파일을 불러옵니다.

Check **P**oint

❹ 시험에 사용될 그림 파일을 확인합니다.
❺ [수험자 시험 종료] 단추 : 답안 전송을 하고 시험을 종료하려면 수험자가 클릭합니다.

❻ [프로그램 종료(감독위원 작동)] 단추 : 실제 시험장에서 감독 위원이 사용하는 단추이므로 수험자는 사용하지 않습니다.

※ 답안작성 프로그램은 수험자의 이해를 돕기 위한 프로그램으로 네트워크 기능이 없습니다.

6 답안 작성은 파워포인트를 실행한 후 답안을 작성하며, '내 PC\문서\ITQ' 폴더에 저장합니다(수 험번호-성명.확장자).

7 답안 작성이 끝났으면 답안작성 프로그램의 [답안 전송] 단추를 클릭한 후 파일을 확인하고 [답안 전송] 단추를 클릭합니다.

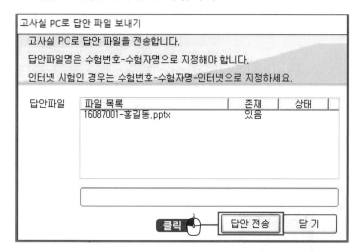

8 정답 파일이 정상적으로 감독 PC로 전송되면 상태에 '성공'이라고 표시됩니다. [닫기] 단추를 클릭합니다.

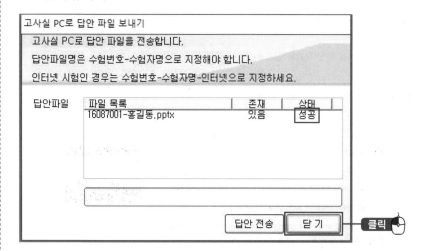

9 답안 전송이 끝났으면 [수험자 수험 종료] 단추를 클릭한 후 [ITQ 종료]와 [예]를 클릭하여 시험을 종료합니다.

[공통사항]

1. KOAS 전송시 주의사항

※ 온라인 답안 작성 절차

수험자 등록 ▶ 시험 시작 ▶ 수시로 답안 파일 저장 ▶ 답안 전송 ▶ 시험 종료

2. 모든 작업을 완성했는데 0점 처리되는 경우

대부분 최종 작업에서 저장하지 않고 KOAS로 전송했을 경우에 해당됩니다. 반드시 저장한 후 전송하세요.

[ITQ 파워포인트 감점 유의사항]

1. 텍스트 및 동영상의 배치 감점

제목과 바닥글 영역을 뺀 슬라이드 영역을 9등분 하여 배치를 맞춥니다. 예제의 경우 그림은 3범위 내에 있어야 정답 처리됩니다.

출력형태

전자 무역

➤ **Product catalog**
  ✓ Arts, Crafts and Gifts // Electrical and Lighting
  ✓ Chemicals, Plastics and Raw Materials // Services
  ✓ Medicine, Health and Environment // Home and Office
  ✓ Computer and Electronics // Metals and Minerals
➤ **전자 무역이란?**
  ✓ 전자 상거래의 하나로서 정보통신 네트워크를 통해 이루어지는 국제 간의 다양한 상품과 서비스의 거래
  ✓ 무역의 일부 또는 전부가 컴퓨터 등 정보처리 능력을 가진 장치와 정보통신 망을 이용하여 이루어지는 거래

123주식회사

배치형태

전자 무역

➤ **Product catalog**
  ✓ Arts, Crafts and Gifts // Electrical and Lighting
  ✓ Chemicals, Plastics and Raw Materials // Services
  ✓ Medicine, Health and Environment // Home and Office
  ✓ Computer and Electronics // Metals and Minerals
➤ **전자 무역이란?**
  ✓ 전자 상거래의 하나로서 정보통신 네트워크를 통해 이루어지는 국제 간의 다양한 상품과 서비스의 거래
  ✓ 무역의 일부 또는 전부가 컴퓨터 등 정보처리 능력을 가진 장치와 정보통신 망을 이용하여 이루어지는 거래

123주식회사

3Page

2. 내어쓰기 감점

슬라이드3의 텍스트 상자는 눈금자를 이용하여 출력형태와 동일하게 작성하셔야 정답 처리되나, 자동개행하여 오른쪽 부분이 맞춰지지 않는 부분은 감점되지 않습니다(단, 오른쪽 부분을 맞추기 위해 텍스트 상자 크기를 조절하거나, Shift + Enter 키를 이용하여 개행하여도 무방합니다)

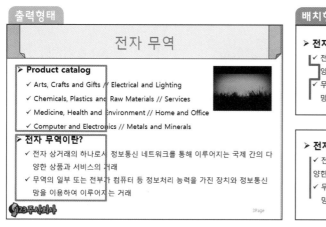

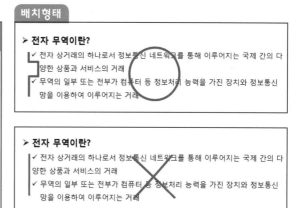

3. 차트

5번 슬라이드 차트는 지시사항대로 작성한 후에 반드시 출력형태와 비교하여 세부항목을 맞춰줘야 감점되지 않습니다.

- 감점1 : Y축 눈금선 없음 미적용
- 감점2 : 데이터 레이블 표시 미적용
- 감점3 : 소수점 자릿수 틀림

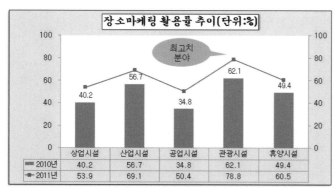

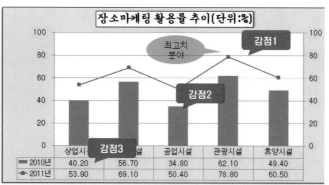

[ITQ 파워포인트 Q&A]

Q1 도형의 윤곽선 및 색상

A1 도형 작성 시 기본값으로 작성하셔도 되며 출력형태를 고려하여 수험자가 보기 좋게 선 두께 및 색상을 변경하셔도 됩니다. 이는 채점 대상이 아닙니다.

Q2 슬라이드 쪽번호 글꼴 및 크기

A2 출력형태를 고려하여 수험자가 임의로 지정하시면 됩니다. 쪽번호의 글꼴, 크기, 색상은 채점대상이 아닙니다.

Q3 슬라이드마스터 작성 시 레이아웃

A3 슬라이드마스터 작성은 지정된 레이아웃이 있는 것이 아닙니다. 어떤 레이아웃에 작성하던지 출력형태와 동일하게 작성하시면 됩니다.

Q4 슬라이드3 – 영문텍스트를 입력 못 할 경우

A4 파워포인트의 텍스트 슬라이드는 영문/한글 따로 오타 채점됩니다.

Q5 슬라이드6 – 도형 채점

A5 도형 슬라이드에서는 도형명이 지시되어 있는 것이 아니므로 출력형태가 동일한 도형이라면 모두 정답 처리됩니다. 또한 텍스트 상자를 입력하여 작성하셔도 되며 도형 안에 텍스트를 입력하여 작성하셔도 됩니다. 텍스트 색상은 흑백이 구분됨으로 스마트아트와 도형의 텍스트 색상은 출력형태와 동일하게 흑백 구분하여 작성하셔야 감점되지 않습니다.

1. ITQ 시험과목

자격종목(과목)		프로그램 및 버전		등급	시험방식	시험시간
		S/W	공식버전			
ITQ정보 기술자격	아래한글	한컴오피스	2020 2016(네오)	A등급 B등급 C등급	PBT	60분
	한셀					
	한쇼					
	MS워드	MS오피스	2021 2016			
	한글엑셀					
	한글액세스					
	한글파워포인트					
	인터넷	내장브라우저 IE8.0 이상				

※ PBT(Paper Based Testing) : 시험지를 통해 문제를 해결하는 시험방식

2. 시험 검정기준

A등급	B등급	C등급
500점 ~ 400점	399점 ~ 300점	299점 ~ 200점

3. 시험 출제기준

검정과목	문항	배점	출제기준
한글 파워포인트 /한쇼	전체구성	60점	※전체 슬라이드 구성 내용을 평가 • 슬라이드 크기, 슬라이드 개수 및 순서, 슬라이드 번호, 그림 편집, 슬라이드 마스트 등 전체적인 구성 내용을 평가
	1. 표지 디자인	40점	※도형과 그림 이용한 제목 슬라이드 작성 능력 평가 • 도형 편집 및 그림 삽입, 도형 효과 • 워드아트(워드숍) • 로고삽입(투명한 색 설정 기능 사용)
	2. 목차 슬라이드	60점	※목차에 따른 하이퍼링크와 도형, 그림 배치 능력을 평가 • 도형 편집 및 효과 • 하이퍼링크　　　　• 그림 편집
	3. 텍스트/동영상 슬라이드	60점	※테스트 간의 조화로운 배치 능력을 평가 • 텍스트 편집 / 목록수준 조절 / 글머리 기호 / 내어쓰기 • 동영상 삽입
	4. 표 슬라이드	80점	※파워포인트 내에서의 표 작성 능력 평가 • 표 삽입 및 편집 • 도형 편집 및 효과
	5. 차트 슬라이드	100점	※프리젠테이션을 위한 차트를 작성할 수 있는 종합 능력 평가 • 차트 삽입 및 편집　　• 도형 편집 및 효과
	6. 도형 슬라이드	100점	※도형을 이용한 슬라이드 작성능력 평가 • 도형 및 스마트아트 이용 : 실무에 활용되는 다양한 도형 작성 • 그룹화 / 애니메이션 효과

목 차

(무료 동영상)
Part 01 따라하면서 배우는 파워포인트

(무료 동영상)
Part 02 기출유형 모의고사

(무료 동영상)
Part 03 기출문제

[자료 파일]
· 소스 및 정답 파일
· 무료 동영상 강의
· 자동채점 프로그램 및 답안작성 프로그램
※[자료실]에서 다운로드하여 사용하세요(1-3쪽 참조).

PART 1

따라하면서 배우는 파워포인트 2016

기출문제를 따라해 보면서 시험의 시작부터 마무리까지
진행 절차와 필요 기능을 학습합니다.
이 책에서는 슬라이드 2~6을 '제목 및 내용' 슬라이드로
작성하는 방법으로 해설하였습니다.
※정답 파일과 동영상 강의는 [자료실]에서 다운로드하세요.

무료 동영상	Section 0	전체 구성
무료 동영상	Section 1	[슬라이드 1] 표지 슬라이드
무료 동영상	Section 2	[슬라이드 2] 목차 슬라이드
무료 동영상	Section 3	[슬라이드 3] 텍스트/동영상 슬라이드
무료 동영상	Section 4	[슬라이드 4] 표 슬라이드
무료 동영상	Section 5	[슬라이드 5] 차트 슬라이드
무료 동영상	Section 6	[슬라이드 6] 도형 슬라이드

전체 구성

수험자 유의사항, 답안 작성요령, 전체 구성의 지시사항을 수행합니다. 특히 슬라이드 마스터를 이용하여 전체 슬라이드를 구성합니다.

● 정답 파일 : SectionOO(정답).pptx

전체구성

(1) 슬라이드 크기 및 순서 : 크기를 A4 용지로 설정하고 슬라이드 순서에 맞게 작성한다.
(2) 슬라이드 마스터 : 2~6슬라이드의 제목, 하단 로고, 슬라이드 번호는 슬라이드 마스터를 이용하여 작성한다.
  – 제목 글꼴(돋움, 40pt, 흰색), 왼쪽 맞춤, 도형(선 없음)
  – 하단 로고(「내 PCW문서WITQWPictureW로고2.jpg」 배경 (회색) 투명색으로 설정)

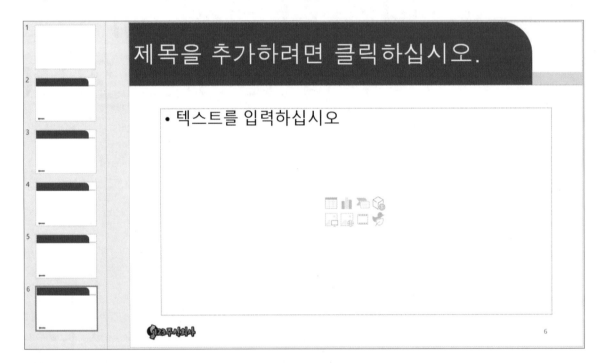

핵심 체크

① 슬라이드 크기 지정 : [디자인] 탭–[사용자 지정] 그룹–[슬라이드 크기 □]에서 A4(210*297mm) 지정
② 슬라이드 2~6 구성 : [홈] 탭–[슬라이드] 그룹–[새 슬라이드 📄]를 클릭하여 5개의 슬라이드 삽입(제목 슬라이드 포함 총 6개의 슬라이드)
③ 슬라이드 마스터 작성 : [보기] 탭–[마스터 보기] 그룹–[슬라이드 마스터 📄]에서 제목 도형과 로고 그림 작업
④ 슬라이드 번호 지정 : [삽입] 탭–[텍스트] 그룹의 [머리글/바닥글 📄]에서 설정
⑤ 파일 저장 : 「내 PCW문서WITQW」 폴더에 파일 저장

> **※ 작성 순서**
> 페이지 설정 → 슬라이드 구성 → 슬라이드 마스터 → 파일 저장

1 [시작 ⊞] 단추를 클릭하고 PowerPoint 2016 프로그램을 클릭하여 파워포인트 2016을 실행합니다. [새 프레젠테이션]을 클릭하거나 Esc 키를 눌러 작업할 프레젠테이션 문서를 엽니다.

2 슬라이드 크기를 지정하기 위해 [디자인] 탭의 [사용자 지정] 그룹에서 [슬라이드 크기 ▢]–[사용자 지정 슬라이드 크기]를 클릭합니다. [슬라이드 크기] 대화상자에서 슬라이드 크기를 'A4 용지(210*297mm)'로 지정하고 [확인] 단추를 클릭한 후 [맞춤 확인] 단추를 클릭합니다.

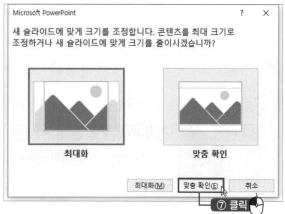

3 [홈] 탭의 [슬라이드] 그룹에서 [새 슬라이드 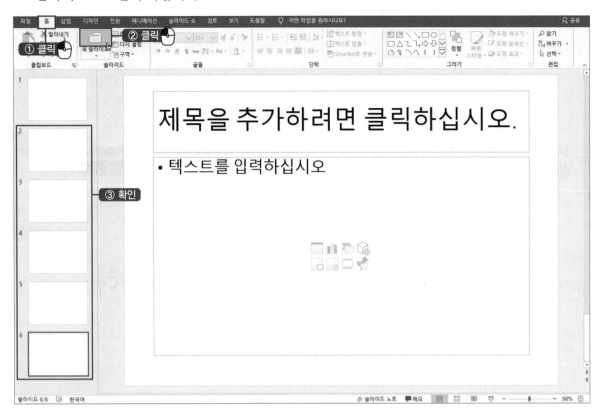] 도구를 다섯 번 클릭하거나 Enter 키를 다섯 번 눌러 슬라이드 2~6을 추가합니다.

ⓒheck ⓟoint

슬라이드 추가 방법
① [새 슬라이드 🖼] 도구 클릭   ② Enter 키 클릭   ③ Ctrl + M 키 클릭

ⓒheck ⓟoint

• [홈] 탭의 [슬라이드] 그룹에서 [새 슬라이드] 도구를 클릭만 하면 자동적으로 '제목 및 내용' 슬라이드가 삽입됩니다. 다만, 이전에 새로 삽인된 레이아웃이 있다면 해당 레이아웃으로 삽입됩니다.

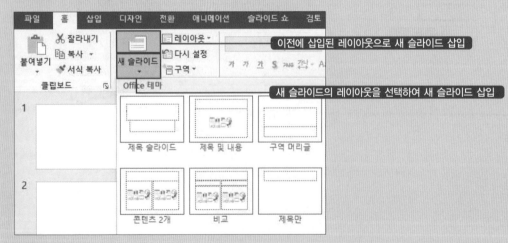

• 슬라이드 레이아웃 : 1번 슬라이드만 '빈 화면'이고 나머지 슬라이드는 모두 '제목 및 내용' 슬라이드로 구성합니다.

• 6개의 슬라이드 레이아웃 구성은 위와 같이 항상 동일하며 레이아웃을 구성한 후 곧바로 저장작업을 하는 것이 좋습니다.

1 [보기] 탭-[마스터 보기] 그룹-[슬라이드 마스터 ▦] 도구를 클릭합니다.

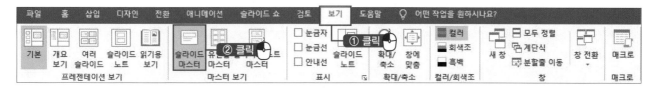

2 왼쪽 레이아웃 창에서 세 번째 슬라이드 마스터인 '제목 및 내용 레이아웃: 슬라이드 2-6에서 사용'을 클릭한 후 '마스터 제목 스타일 편집' 텍스트 상자를 아래로 드래그하여 이동시킵니다.

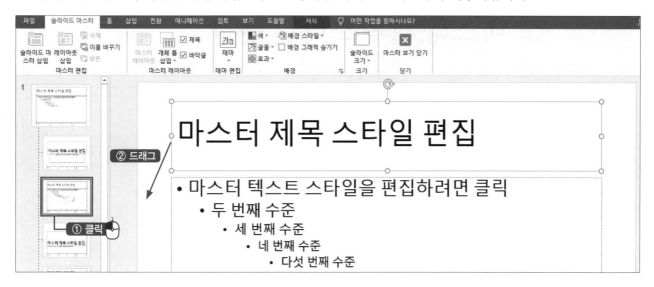

Check Point

도형 작업을 편하게 하기 위해 '마스터 제목 스타일 편집' 텍스트 상자를 이동시키는 것이 좋습니다.

3 [삽입] 탭-[일러스트레이션] 그룹-[도형 ▽]의 사각형에서 '직사각형' 도형을 선택합니다.

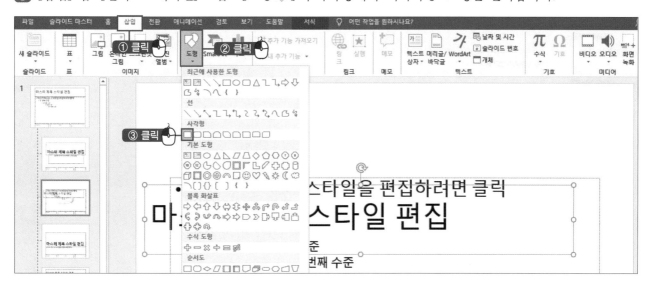

4 슬라이드 왼쪽 상단에서 마우스 포인트가 [+] 모양으로 변하면 오른쪽으로 드래그하여 《출력형태》와 같이 도형을 삽입합니다.

CheckPoint

도형의 크기나 위치를 정확히 작성할 때는 [보기] 탭-[표시] 그룹에서 '눈금선'이나 '안내선'에 체크한 후 작업하는 것이 좋습니다. 눈금선이나 안내선은 화면에 표시만 될 뿐 다른 영향은 없습니다.

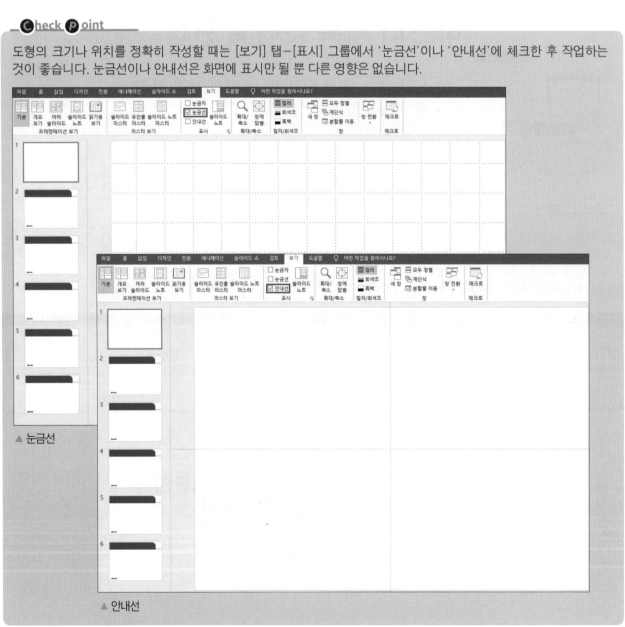

▲ 눈금선

▲ 안내선

5 도형이 선택된 상태에서 [그리기 도구]-[서식] 탭-[도형 스타일] 그룹-[도형 채우기 🖌]에서 임의로 다른 색(파랑, 강조 5, 60% 더 밝게)을 지정합니다.

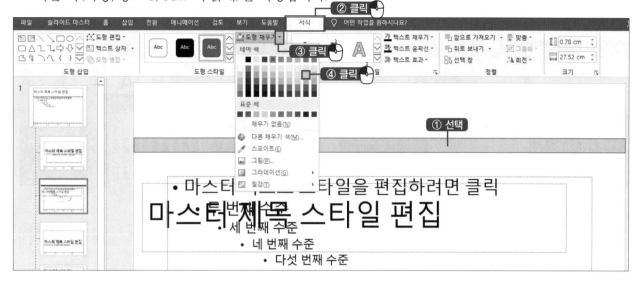

6 도형이 선택된 상태에서 [그리기 도구]-[서식] 탭-[도형 스타일] 그룹-[도형 윤곽선 ✏]에서 '윤곽선 없음'을 지정합니다.

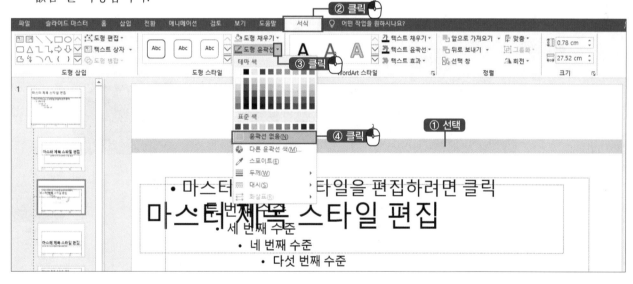

7 [삽입] 탭-[일러스트레이션] 그룹-[도형 ▽]의 사각형에서 '한쪽 모서리가 둥근 사각형 ☐'도형을 선택한 후 슬라이드 왼쪽 상단에서 마우스 포인트가 [+] 모양으로 변하면 오른쪽으로 드래그하여 《출력형태》와 같이 도형을 삽입합니다. 이후 도형 조절점 (●)을 드래그하여 《출력형태》처럼 만듭니다.

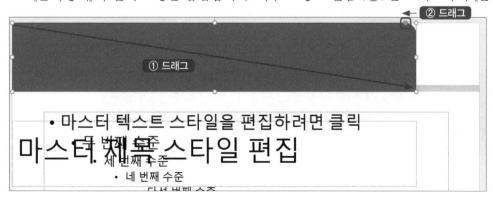

8 도형이 선택된 상태에서 [그리기 도구]-[서식] 탭-[도형 스타일] 그룹-[도형 채우기]에서 임의로 다른 색(청회색, 텍스트 2)을 지정한 후 [그리기 도구]-[서식] 탭-[도형 스타일] 그룹-[도형 윤곽선]에서 '윤곽선 없음'을 지정합니다.

9 텍스트 상자를 선택하고 조절점( )을 이용해 좌우로 드래그하여 확대한 후 [홈] 탭-[글꼴] 그룹에서 '글꼴 : 돋움', '글꼴 크기 : 40pt', '글꼴 색 : 흰색', '왼쪽 맞춤 '으로 설정합니다.

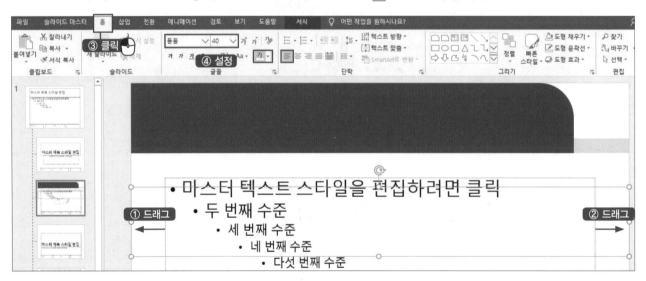

10 텍스트 상자가 선택된 상태에서 [그리기-[서식] 탭-[정렬] 그룹-[앞으로 가져오기]-[맨 앞으로 가져오기]를 클릭한 후 텍스트 상자를 도형 위로 드래그하여 위치시킵니다.

⓫ 그림을 삽입하기 위하여 [삽입] 탭-[이미지] 그룹-[그림 🖾] 도구를 선택한 후 [그림 삽입] 대화상자에서 「내 PC\문서\ITQ\Picture」 폴더에 있는 '로고2.jpg' 그림 파일을 선택하고 [삽입] 단추를 클릭합니다.

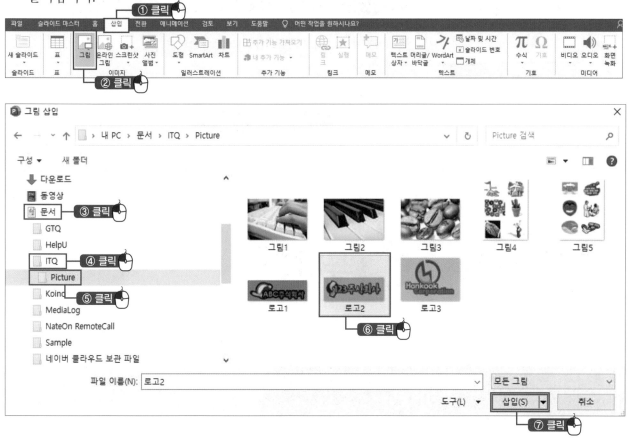

🔟 삽입된 로고를 선택한 후 [그림 도구]-[서식] 탭-[조정] 그룹-[색 🖼]-[투명한 색 설정 🖌]을 클릭합니다.

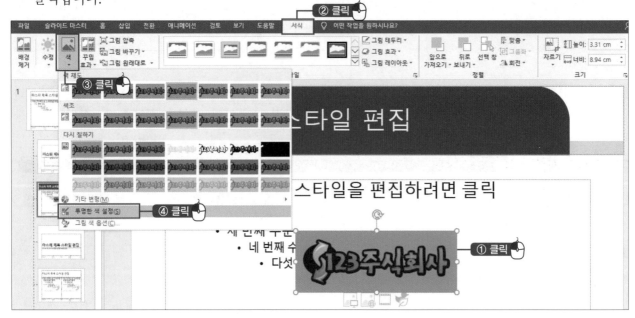

🔟 '로고2.jpg' 이미지의 배경(회색) 부분을 클릭하면 배경이 투명하게 바뀝니다.

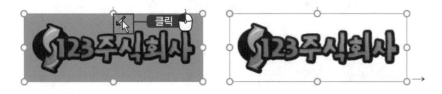

🔟 왼쪽 하단으로 이미지를 이동시킨 후 조절점(○)을 이용하여 크기를 《출력형태》와 같이 조절합니다.

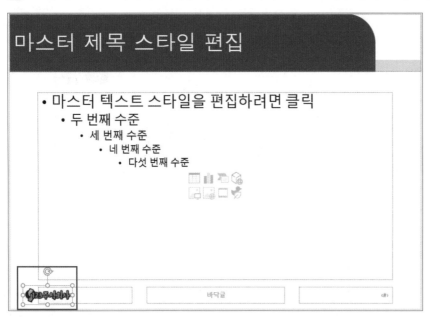

🔟 슬라이드 번호를 지정하기 위해 [삽입] 탭-[텍스트] 그룹-[머리글/바닥글 📄] 도구를 클릭합니다.

16 [머리글/바닥글] 대화상자의 [슬라이드] 탭에서 '슬라이드 번호'에 체크 표시하고, 제목 슬라이드에는 번호를 표시하지 않기 위해 '제목 슬라이드에는 표시 안 함'에 체크 표시한 후 [모두 적용] 단추를 클릭합니다.

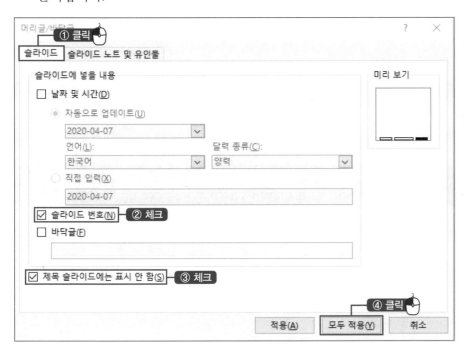

17 슬라이드 마스터 작업이 끝나면 [슬라이드 마스터] 탭에서 [마스터 보기 닫기 ✕] 단추를 클릭합니다.

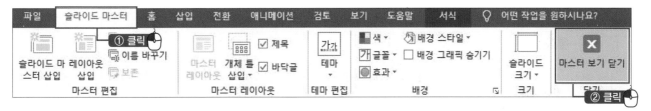

18 슬라이드 2~슬라이드 6까지 제목 도형, 로고, 페이지 번호가 제대로 적용되었는지 확인합니다.

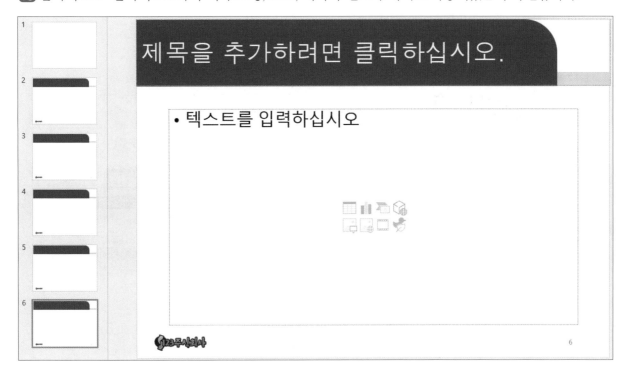

- [머리글/바닥글] 대화상자에서 '제목 슬라이드에는 표시 안 함'에 체크를 했기 때문에 슬라이드 1에는 페이지 번호가 없습니다.
- 만약, 슬라이드 번호 뒤에 '쪽'이라고 표시되는 시험이 출제된다면 슬라이드 마스터 편집 화면에서 슬라이드 번호 〈#〉 뒤에 '쪽'을 입력하면 됩니다.

```
                                                        〈#〉쪽
```

⑲ [빠른 실행] 도구 모음의 [저장 💾] 도구를 클릭합니다.(또는 Ctrl + S 키)

⑳ [다른 이름으로 저장하기] 대화상자에서 [내 PC\문서\ITQ] 폴더를 지정한 후 파일 이름에 '수험번호-성명' 형식으로 입력하고 [저장] 단추를 클릭합니다.

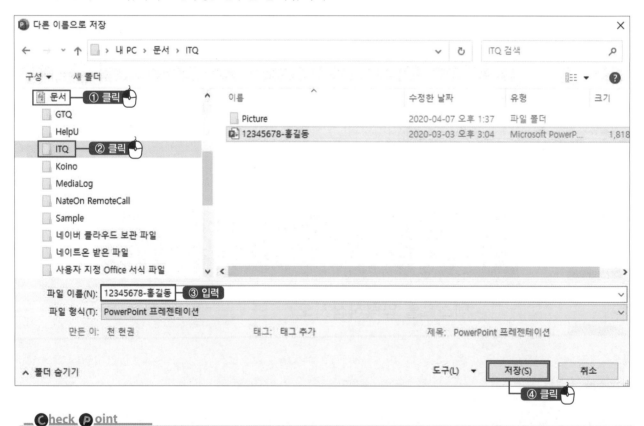

작업 도중 불의의 사고로 작업내용이 저장되지 않을 수 있으므로 작업 도중 수시로 저장하는 것이 좋습니다.

실력 향상을 위한 실전 연습문제

● 정답 파일 : 12645678-성안당.pptx

01 다음 조건을 적용하여 슬라이드를 작성하시오.

(1) '내 PC₩문서₩ITQ' 폴더에 '12345678-성안당'으로 저장하시오.
(2) 슬라이드의 크기는 A4 용지로 설정하시오.
(3) 2~6슬라이드의 제목 하단 로고 슬라이드 번호는 슬라이드 마스터를 이용하여 작성한다.
  - 제목 글꼴(돋움, 40pt, 흰색), 가운데 맞춤, 도형(선 없음)
  - 하단 로고(「내 PC₩문서₩ITQ₩Picture₩로고2.jpg」, 배경(회색) 투명색으로 설정)

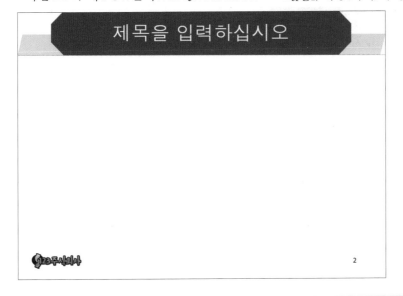

● 정답 파일 : 12645678-김수연.pptx

02 다음 조건을 적용하여 슬라이드를 작성하시오.

(1) '내 PC₩문서₩ITQ' 폴더에 '12345678-김수연'으로 저장하시오.
(2) 슬라이드의 크기는 A4 용지로 설정하시오.
(3) 2~6슬라이드의 제목 하단 로고 슬라이드 번호는 슬라이드 마스터를 이용하여 작성한다.
  - 제목 글꼴(돋움, 40pt, 흰색), 가운데 맞춤, 도형(선 없음)
  - 하단 로고(「내 PC₩문서₩ITQ₩Picture₩로고2.jpg」, 배경(회색) 투명색으로 설정)

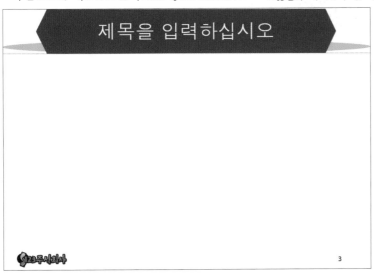

● 정답 파일 : 12645678-한정수.pptx

O3 다음 조건을 적용하여 슬라이드를 작성하시오.

(1) '내 PCW문서WITQ' 폴더에 '12345678-한정수'로 저장하시오.
(2) 슬라이드의 크기는 A4 용지로 설정하시오.
(3) 2~6슬라이드의 제목 하단 로고 슬라이드 번호는 슬라이드 마스터를 이용하여 작성한다.
  - 제목 글꼴(돋움, 40pt, 흰색), 가운데 맞춤, 도형(선 없음)
  - 하단 로고(「내 PCW문서WITQWPictureW로고2.jpg」, 배경(회색) 투명색으로 설정)

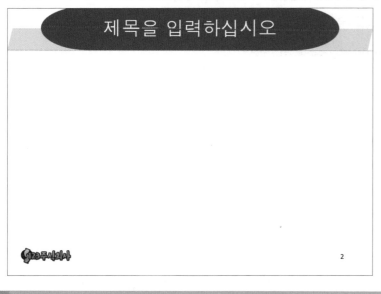

● 정답 파일 : 12645678-류현진.pptx

O4 다음 조건을 적용하여 슬라이드를 작성하시오.

(1) '내 PCW문서WITQ' 폴더에 '12345678-류현진'으로 저장하시오.
(2) 슬라이드의 크기는 A4 용지로 설정하시오.
(3) 2~6슬라이드의 제목 하단 로고 슬라이드 번호는 슬라이드 마스터를 이용하여 작성한다.
  - 제목 글꼴(궁서, 40pt, 흰색), 왼쪽 맞춤, 도형(선 없음)
  - 하단 로고(「내 PCW문서WITQWPictureW로고2.jpg」, 배경(회색) 투명색으로 설정)

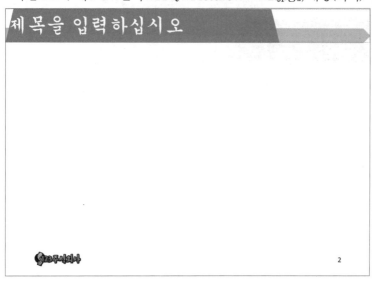

● 정답 파일 : 12645678-김태희.pptx

05 다음 조건을 적용하여 슬라이드를 작성하시오.

(1) '내 PC₩문서₩ITQ' 폴더에 '12345678-김태희'로 저장하시오.
(2) 슬라이드의 크기는 A4 용지로 설정하시오.
(3) 2~6슬라이드의 제목 하단 로고 슬라이드 번호는 슬라이드 마스터를 이용하여 작성한다.
  – 제목 글꼴(굴림, 40pt, 흰색), 가운데 맞춤, 도형(선 없음)
  – 하단 로고(「내 PC₩문서₩ITQ₩Picture₩로고1.jpg」, 배경(회색) 투명색으로 설정)

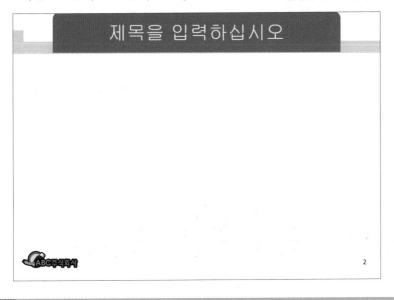

● 정답 파일 : 12645678-김새롬.pptx

06 다음 조건을 적용하여 슬라이드를 작성하시오.

(1) '내 PC₩문서₩ITQ' 폴더에 '12345678-김새롬'으로 저장하시오.
(2) 슬라이드의 크기는 A4 용지로 설정하시오.
(3) 2~6슬라이드의 제목 하단 로고 슬라이드 번호는 슬라이드 마스터를 이용하여 작성한다.
  – 제목 글꼴(궁서, 40pt, 흰색), 왼쪽 맞춤, 도형(선 없음)
  – 하단 로고(「내 PC₩문서₩ITQ₩Picture₩로고2.jpg」, 배경(회색) 투명색으로 설정)

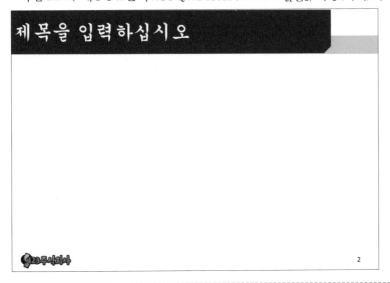

[슬라이드 1] 표지 디자인

6개의 슬라이드를 만든 후 첫 번째 슬라이드를 선택하고 도형, 워드아트, 그림을 이용하여 표지 디자인을 완성합니다. 특히 그림(로고) 배경을 투명색으로 지정합니다.

● 정답 파일 : Section01(정답).pptx

[슬라이드 1] 표지 디자인

(1) 표지 디자인 : 도형, 워드아트 및 그림을 이용하여 작성한다.

세부조건

① 도형 편집
- 도형에 그림 채우기 :
「내 PC₩문서₩ITQ₩
Picture₩그림1.jpg」,
투명도 50%
- 도형 효과 : (부드러운
가장자리 5포인트)

② 워드아트 삽입
- 변환 : 삼각형
- 글꼴 : 돋움, 굵게
- 텍스트 반사 : 근접 반사,
4 pt 오프셋

③ 그림 삽입
- 「내 PC₩문서₩ITQ₩
Picture₩로고2.jpg」
- 배경(회색) 투명색으로
설정

핵심 체크

1. 도형 작성 : [삽입] 탭-[일러스트레이션] 그룹-[도형 🖼]에서 도형 작성

2. 그림 채우기 : [그리기 도구]-[서식] 탭-[도형 채우기 🖌]-[그림 🖾]에서 지정

3. 도형 효과 : [그리기 도구]-[서식] 탭-[도형 효과 🖸]]에서 부드러운 가장자리 효과 지정

4. 워드아트 작성 : [삽입] 탭-[텍스트] 그룹-[WordArt 🗚]에서 워드아트 작성 → [그리기 도구]-[서식] 탭-[WordArt 스타일]에서 글꼴 및 효과 설정

5. 그림 삽입 : [삽입] 탭-[이미지] 그룹-[그림 🖾]에서 그림 삽입 → [그림 도구]-[서식] 탭-[조정] 그룹-[색 🖾] -[투명한 색 설정 🖌]에서 배경(투명) 설정

※ 시험지에는 모든 도형이 흑백으로 표시되므로 전체적인 균형을 고려하여 도형의 색상을 임의로 지정합니다. 글꼴 크기 등의 지시사항에 없는 부분은 《출력형태》를 고려하여 작업합니다.

※ 작성 순서
도형 작성(그림 채우기, 도형 효과) → 워드아트 작성 → 그림 삽입 및 배경(투명) 설정

1 슬라이드 1의 작업 창에서 Ctrl + A 키를 눌러 제목 텍스트 상자와 부제목 텍스트 상자를 선택한 후 Delete 키를 눌러 삭제합니다.

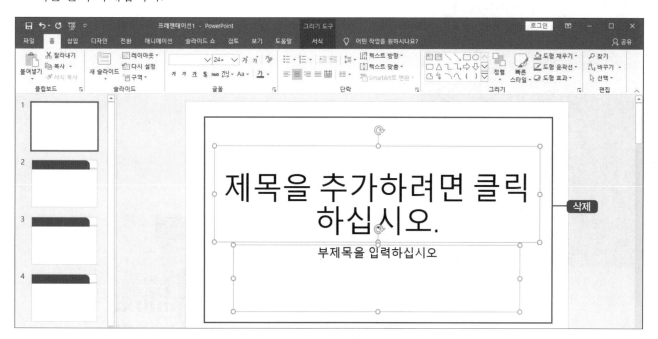

Check Point

- [홈] 탭의 [슬라이드] 그룹에서 [레이아웃 🔳]을 클릭하여 '빈 화면' 슬라이드를 선택해도 제목과 부제목 상자가 사라집니다.
- 슬라이드 1 표지 슬라이드는 도형과 WordArt를 이용하여 작업하기 때문에 제목 및 부제목 입력상자를 삭제해도 됩니다.
- 단축키 : Ctrl + A (모든 개체 선택) + Delete

2 [삽입] 탭-[일러스트레이션] 그룹-[도형 ◇]의 사각형에서 '직사각형' 도형을 선택한 후 《출력형태》 처럼 드래그하여 도형을 삽입합니다.

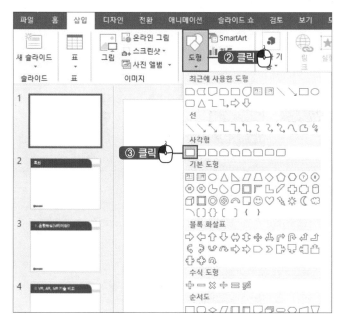

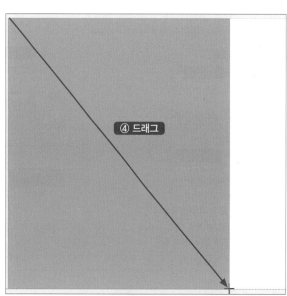

3 직사각형 도형에서 바로가기 메뉴(마우스 오른쪽 버튼 클릭)의 [채우기 🖾] 메뉴를 클릭한 후 [그림 🖾] 메뉴를 클릭합니다.

4 [내 PC₩문서₩ITQ₩Picture] 폴더에서 '그림1'을 선택하고 [삽입] 단추를 클릭합니다.

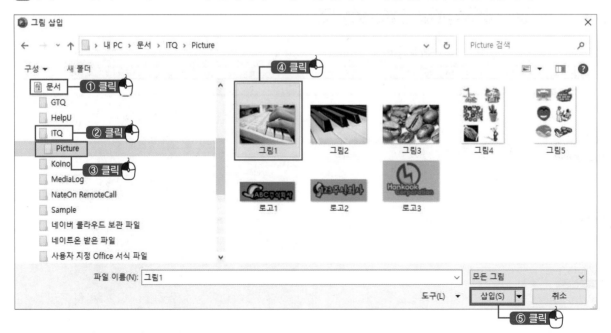

5 다시 바로가기 메뉴에서 [그림 서식] 메뉴를 클릭합니다.

6 오른쪽 [그림 서식] 창에서 [채우기 및 선 🔼]을 클릭한 후 [채우기] – [투명도]에서 '50%'를 설정합니다.

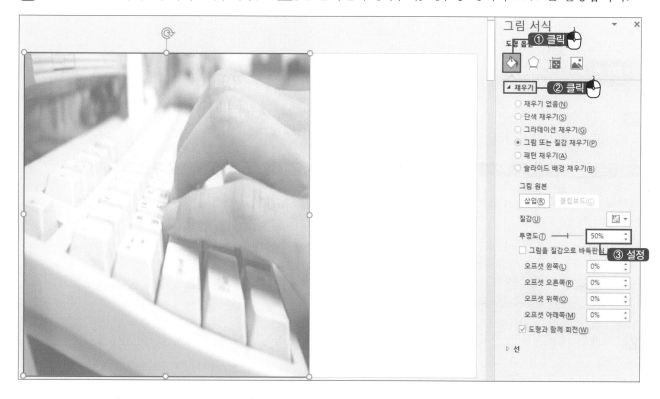

7 다시 오른쪽 [그림 서식] 창에서 [효과 ⬠]를 클릭한 후 [부드러운 가장자리]-[미리 설정]-[부드러운 가장자리 변형]에서 '5 포인트'를 설정합니다. Esc 키를 눌러 그림 선택을 해제합니다.

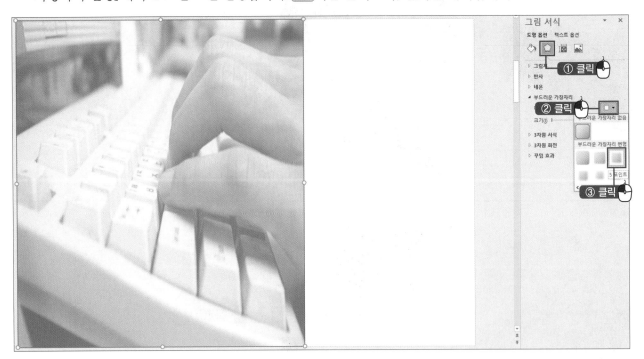

___Check Point___

[그리기 도구]-[서식] 탭-[도형 스타일] 그룹-[도형 효과 🖵]-[부드러운 가장자리]에서 '5 포인트'를 설정해도 됩니다.

단계 2 워드 아트 작성

1 [삽입] 탭의 [텍스트] 그룹에서 [WordArt 🗚] 도구를 클릭한 후 첫 번째 유형(채우기 – 검정, 텍스트 색 1, 그림자)을 선택합니다.

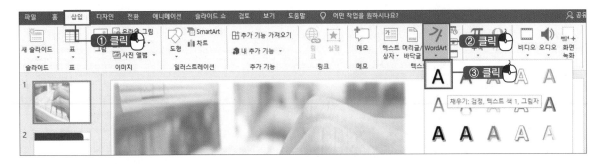

2 '필요한 내용을 적으십시오.'라는 문구를 지우거나 범위 지정된 상태에서 'Mixed Reality'를 입력합니다.

3 삽입된 워드아트를 선택한 후 [그리기 도구]-[서식] 탭-[WordArt 스타일] 그룹의 [텍스트 효과 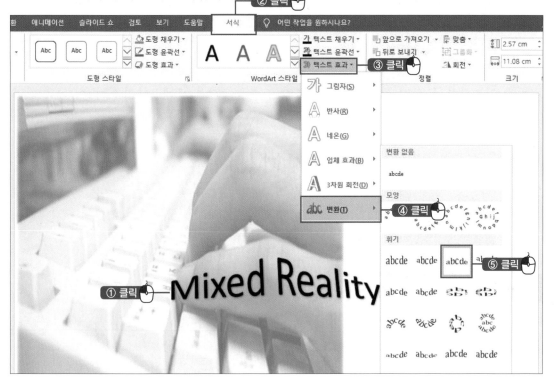]
-[변환]에서 '삼각형'을 선택합니다.

4 다시 [그리기 도구]-[서식] 탭의 [WordArt 스타일] 그룹에서 [텍스트 효과 ]-[반사]에서 '반사 변형
: 근접 반사, 4 pt 오프셋'을 선택합니다.

5 [홈] 탭의 [글꼴] 그룹에서 '글꼴 : 돋움', '굵게'를 설정하고, '텍스트 그림자' 지정을 해제합니다.

6 워드아트의 위치를 이동시킨 후 크기 조절점(○)과 모양 조절점(●)을 드래그하여 《출력형태》와 같이 변형합니다.

단계 3 그림 삽입

1 [삽입] 탭-[이미지] 그룹-[그림 🖼] 도구를 선택한 후 [그림 삽입] 대화상자에서 「내 PCW문서WITQWPicture」 폴더에 있는 '로고2.jpg' 그림 파일을 선택하고 [삽입] 단추를 클릭합니다.

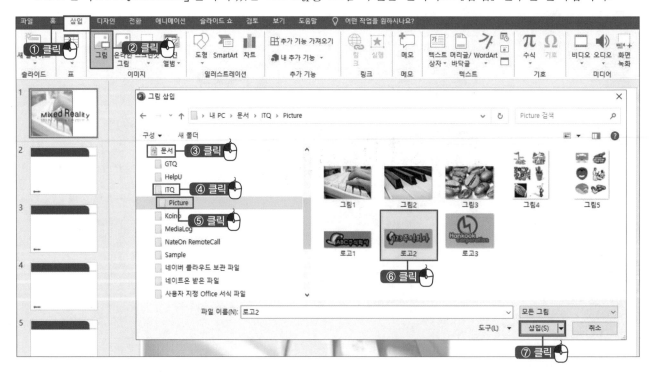

2 삽입된 로고 이미지를 선택한 후 [그림 도구]-[서식] 탭-[조정] 그룹-[색 ▨]-[투명한 색 설정 ▨]을 클릭합니다.

3 '로고2.jpg' 이미지의 배경(회색) 부분을 클릭하면 배경이 투명색으로 지정됩니다.

4 그림을 우측 상단으로 이동시킨 후 조절점(○)을 이용하여 크기를《출력형태》와 같이 조절합니다.

5 [빠른 실행] 도구 모음의 [저장 ▨] 도구를 클릭하여 저장합니다.(또는 [Ctrl]+[S] 키)

● 예제 파일 : 12645678-성안당.pptx   ● 정답 파일 : Section01_01(정답).pptx

01　다음 조건을 적용하여 슬라이드를 작성하시오.

(1) 표지 디자인 : 도형, 워드아트 및 그림을 이용하여 작성한다.

세부조건

① 도형 편집
- 도형에 그림 채우기 :
  「내 PC₩문서₩ITQ₩ Picture
  ₩그림1.jpg」, 투명도 50%
- 도형 효과 : (부드러운 가장
  자리 5포인트)

② 워드아트 삽입
- 변환 : 위로 기울기
- 글꼴 : 돋움, 굵게
- 반사 : 전체 반사, 터치

③ 그림 삽입
- 「내 PC₩문서₩ITQ₩
  Picture₩로고2.jpg」
- 배경(회색) 투명색으로 설정

● 예제 파일 : 12645678-김수연.pptx   ● 정답 파일 : Section01_02(정답).pptx

02　다음 조건을 적용하여 슬라이드를 작성하시오.

(1) 표지 디자인 : 도형, 워드아트 및 그림을 이용하여 작성한다.

세부조건

① 도형 편집
- 도형에 그림 채우기 :
  「내 PC₩문서₩ITQ₩ Picture
  ₩그림1.jpg」, 투명도 50%
- 도형 효과 : (부드러운 가장
  자리 5포인트)

② 워드아트 삽입
- 변환 : 휘어 올라오기
- 글꼴 : 돋움, 굵게
- 반사 : 전체 반사, 터치

③ 그림 삽입
- 「내 PC₩문서₩ITQ₩
  Picture₩로고2.jpg」
- 배경(회색) 투명색으로 설정

● 예제 파일 : 12645678-한정수.pptx　　● 정답 파일 : Section01_03(정답).pptx

O3　다음 조건을 적용하여 슬라이드를 작성하시오.

(1) 표지 디자인 : 도형, 워드아트 및 그림을 이용하여 작성한다.

세부조건

① 도형 편집
- 도형에 그림 채우기 :
　「내 PC₩문서₩ITQ₩ Picture
　₩그림1.jpg」, 투명도 50%
- 도형 효과 : (부드러운 가장
　자리 5포인트)

② 워드아트 삽입
- 변환 : 역갈매기형 수장
- 글꼴 : 돋움, 굵게
- 반사 : 전체 반사, 터치

③ 그림 삽입
- 「내 PC₩문서₩ITQ₩
　Picture₩로고2.jpg」
- 배경(회색) 투명색으로 설정

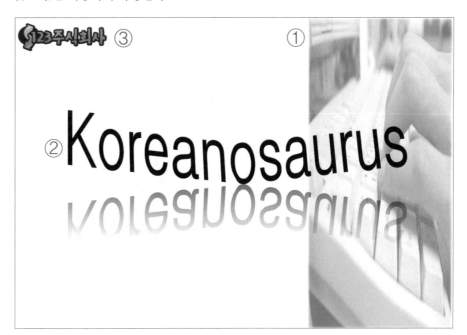

● 예제 파일 : 12645678-류현진.pptx　　● 정답 파일 : Section01_04(정답).pptx

O4　다음 조건을 적용하여 슬라이드를 작성하시오.

(1) 표지 디자인 : 도형, 워드아트 및 그림을 이용하여 작성한다.

세부조건

① 도형 편집
- 도형에 그림 채우기 :
　「내 PC₩문서₩ITQ₩ Picture
　₩그림3.jpg」, 투명도 50%
- 도형 효과 : (부드러운 가장
　자리 5포인트)

② 워드아트 삽입
- 변환 : 위로 기울기
- 글꼴 : 굴림, 굵게
- 반사 : 근접 반사, 8pt 오프셋

③ 그림 삽입
- 「내 PC₩문서₩ITQ₩
　Picture₩로고2.jpg」
- 배경(회색) 투명색으로 설정

● 예제 파일 : 12645678-김태희.pptx ● 정답 파일 : Section01_05(정답).pptx

05 다음 조건을 적용하여 슬라이드를 작성하시오.

(1) 표지 디자인 : 도형, 워드아트 및 그림을 이용하여 작성한다.

세부조건

① 도형 편집
- 도형에 그림 채우기 :
「내 PC₩문서₩ITQ₩ Picture
₩그림2.jpg」, 투명도 50%
- 도형 효과 : 부드러운 가장
자리 5포인트

② 워드아트 삽입
- 변환 : 휘어 내려가기
- 글꼴 : 돋움, 굵게
- 반사 : 근접 반사, 터치

③ 그림 삽입
- 「내 PC₩문서₩ITQ₩
Picture₩로고1.jpg」
- 배경(회색) 투명색으로 설정

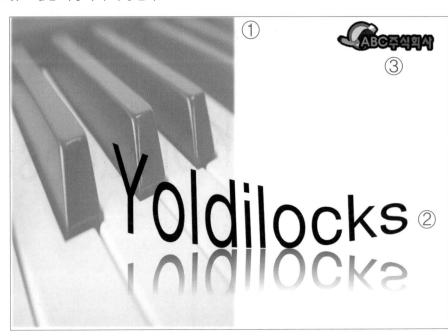

● 예제 파일 : 12645678-김새롬.pptx ● 정답 파일 : Section01_06(정답).pptx

06 다음 조건을 적용하여 슬라이드를 작성하시오.

(1) 표지 디자인 : 도형, 워드아트 및 그림을 이용하여 작성한다.

세부조건

① 도형 편집
- 도형에 그림 채우기 :
「내 PC₩문서₩ITQ₩ Picture
₩그림1.jpg」, 투명도 50%
- 도형 효과 : 부드러운 가장
자리 5포인트

② 워드아트 삽입
- 변환 : 위로 기울기
- 글꼴 : 궁서, 굵게
- 반사 : 근접 반사, 터치

③ 그림 삽입
- 「내 PC₩문서₩ITQ₩
Picture₩로고2.jpg」
- 배경(회색) 투명색으로
설정

Section 2

[슬라이드 2] 목차 슬라이드

배점 **60** 점

무료 동영상

도형을 작성한 후 텍스트를 입력하고, 하이퍼링크와 그림을 삽입합니다. 특히 그림은 원하는 부분만 자르기 하여 삽입합니다.

● 정답 파일 : Section02(정답).pptx

[슬라이드 2] 목차 슬라이드

(1) 《출력형태》와 같이 도형을 이용하여 목차를 작성한다(글꼴 : 굴림, 24pt).

(2) 도형 : 선 없음

세부조건

① 텍스트에 하이퍼링크 적용
→'슬라이드 6'

② 그림 삽입
- 「내 PC₩문서₩ITQ₩
Picture₩그림5.jpg」
- 자르기 기능 이용

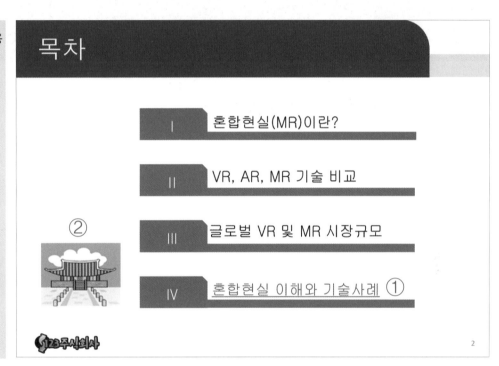

핵심 체크

1. 목차 도형 작성 : [삽입] 탭-[일러스트레이션] 그룹-[도형 ▨] 도구를 클릭하여 작성, 도형 윤곽선 - '없음'
2. 그림 삽입 : [삽입] 탭-[이미지] 그룹-[그림 ▨] 도구 선택
3. 그림 자르기 : [그림 도구]-[서식] 탭-[크기] 그룹-[자르기 ▨] 도구 선택
   - 여러 개의 그림 중 원하는 그림만 [자르기] 기능을 이용하여 삽입합니다.
4. 하이퍼링크 지정 : 문자열 범위 지정 →[삽입] 탭-[링크] 그룹-[하이퍼링크 ▨] 선택

※ 작성 순서
목차 도형 작업 → 그림 삽입 및 편집(자르기) → 하이퍼링크 작업

1 슬라이드 2를 클릭한 후 슬라이드 상단 제목에 '목차'를 입력합니다.

2 슬라이드 창의 텍스트 상자를 클릭한 후 Delete 키를 눌러 삭제합니다.

Check **P**oint

텍스트 상자 안의 [그림 🖳] 도구를 클릭하여 그림 작업을 먼저 해도 됩니다.

3 [삽입] 탭-[일러스트레이션] 그룹-[도형 ▽]의 사각형에서 '한쪽 모서리가 잘린 사각형(◻)'을 선택한 후 드래그하여 삽입합니다. 삽입 후 조절점(○)을 이용하여 크기를 조절합니다.

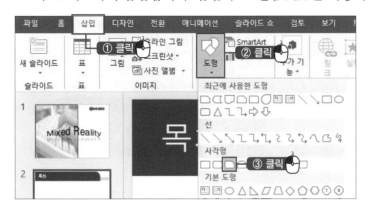 

4 [삽입] 탭-[일러스트레이션] 그룹-[도형 ▽]의 사각형에서 '직사각형 ◻'을 선택한 후 드래그하여 삽입합니다.

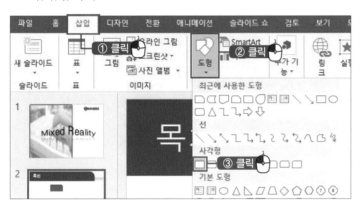 

Check Point

《출력형태》상 두 개의 색상이 같아 보이므로 기본 색상을 지정했지만, [그리기 도구]-[서식] 탭-[도형 스타일] 그룹-[도형 채우기 ◇]에서 두 개의 도형을 서로 다른 임의의 색(청회색, 텍스트 2)으로 지정해도 됩니다.

Check Point

도형 작업을 한 후에는 [그리기 도구]-[서식] 탭-[도형 삽입] 그룹에 이전에 사용했던 도형들이 표시되며, 자세히(▽) 단추를 클릭하면 다른 도형을 선택할 수 있으므로, [삽입] 탭-[일러스트레이션] 그룹-[도형 ▽] 도구를 이용하지 않아도 됩니다.

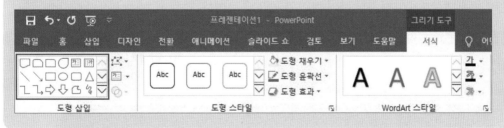

5 두 개의 도형을 드래그하여 선택한 후 [그리기]-[서식] 탭-[도형 스타일] 그룹-[도형 윤곽선 ✎]에서 '윤곽선 없음'을 클릭합니다.

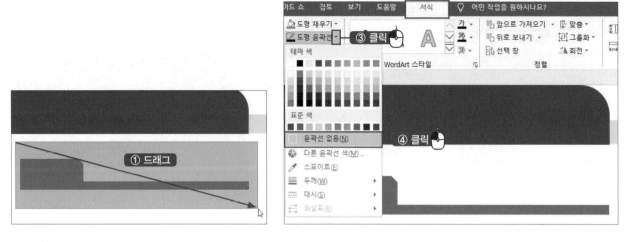

ⓒheck ⓟoint

- 드래그하여 도형을 선택할 때는 범위 안에 포함된 도형만 선택됩니다.
- 두 개의 도형이 겹쳐 있을 경우 [그리기]-[서식] 탭-[정렬] 그룹에서 [앞으로 가져오기 🔲]나 [뒤로 보내기 🔲] 도구를 이용하여 위치를 설정할 수 있습니다.

6 '한쪽 모서리가 잘린 사각형 ▱ '을 선택하고 'ㅈ'을 입력한 후 [한자]키를 클릭합니다. [보기 변경 ≫] 단추를 클릭하고 'Ⅰ'을 클릭하여 삽입한 후 글자를 범위 지정하고 [홈] 탭의 [글꼴] 그룹에서 '굴림', '24pt'를 설정한 후, [Esc]키를 눌러 선택을 해제합니다.

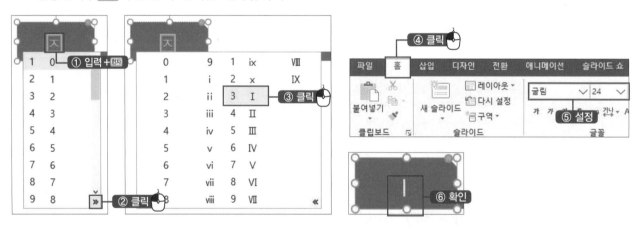

7 [삽입] 탭-[텍스트] 그룹에서 [가로 텍스트 상자 그리기 🔲]를 클릭한 후 드래그하여 삽입합니다.

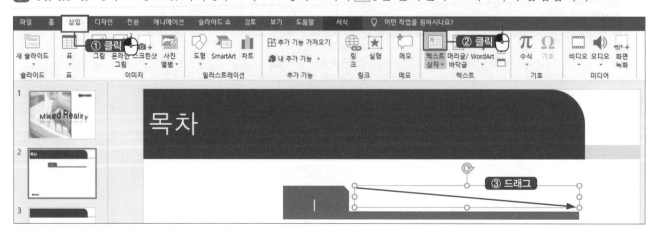

8 가로 텍스트 상자가 삽입되면 '혼합현실(MR)이란?'을 입력하고 Esc 키를 클릭한 후 [홈] 탭의 [글꼴] 그룹에서 '굴림', '24pt'를 설정합니다. 《출력형태》를 참고하여 크기나 위치를 조절합니다.

9 마우스로 드래그하여 두 개의 도형과 가로 텍스트상자를 선택한 후 Ctrl + Shift 키를 누른 채 아래로 드래그하여 복사합니다.

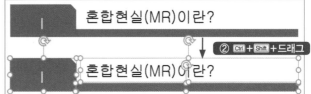

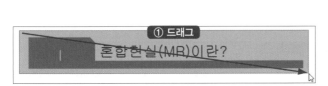

Check **P**oint

• Ctrl 키를 누르고 드래그하면 복사되고, Ctrl + Shift 키를 누르고 드래그하면 수평이나 수직 방향으로 복사됩니다.

• Ctrl + D 키를 눌러 복사한 후 위치를 조정해도 됩니다.

10 같은 방법으로 두 번 더 복사한 후 도형 간의 위치를 조정합니다.

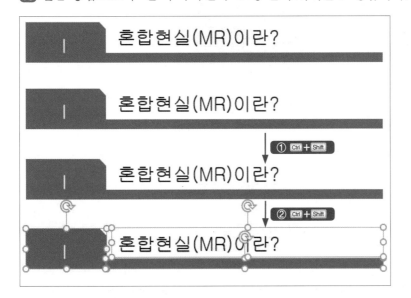

Check **P**oint

한자 키를 이용하여 특수문자(로마자 등)를 입력할 때 출력형태와 유사하다면 키보드에서 직접 입력해도 됩니다. (단, 본 도서에서 제공하는 채점프로그램의 경우 한자 키를 이용한 입력이기에 키보드에서 입력한 정답 채점 시 감점이 발생할 수 있습니다.)

11 두 번째 그룹의 '한쪽 모서리가 잘린 사각형 ▭'을 선택한 후 'I'를 삭제하고 'ㅈ'을 입력한 후 한자키를 클릭합니다. [보기 변경 ≫] 단추를 클릭한 후 'II'를 클릭하여 삽입합니다. 같은 방법으로 'III', 'IV'를 입력합니다.

12 《출력형태》처럼 가로 텍스트 상자의 내용을 수정합니다.

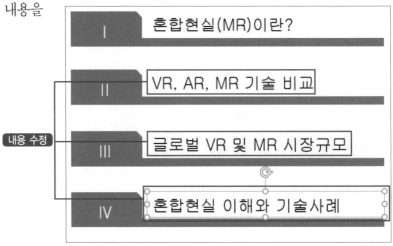

13 '혼합현실 이해와 기술사례'를 범위 지정한 후 바로가기 메뉴에서 [하이퍼링크🌐] 메뉴를 클릭합니다.

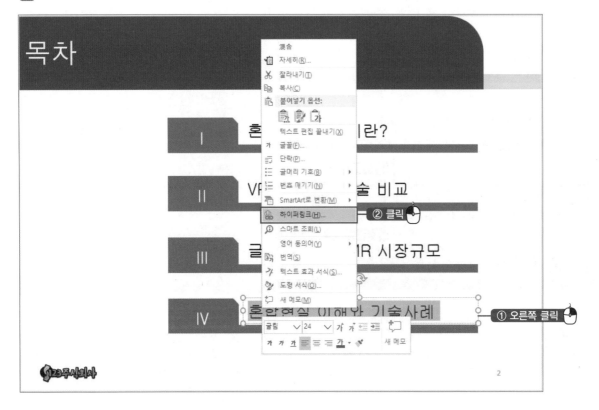

14 [하이퍼링크 삽입] 대화상자에서 '현재 문서'를 선택한 후 '6. 슬라이드 6'을 선택하고 [확인] 단추를 클릭합니다.

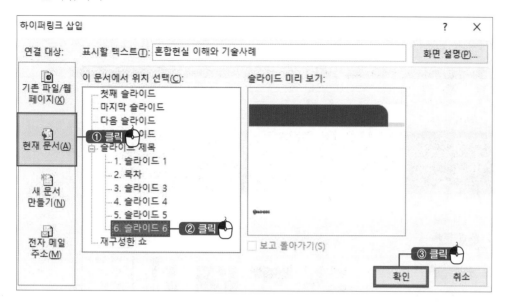

15 하이퍼링크가 설정된 텍스트는 자동으로 색이 변경되고 밑줄이 표시됩니다.

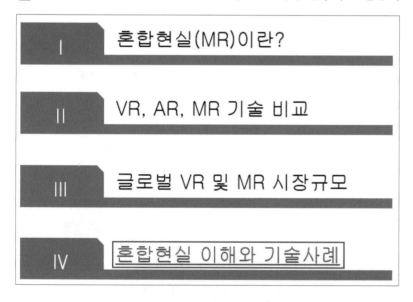

1 [삽입] 탭-[이미지] 그룹에서 [그림 ⬚] 도구를 클릭한 후 [그림 삽입] 대화상자에서 「내 PC₩문서
₩ITQ₩Picture」 폴더에 있는 '그림5.jpg' 그림 파일을 선택하고 [삽입] 단추를 클릭합니다.

2 [그림 도구]-[서식] 탭-[크기] 그룹에서 [자르기 ⬚]도구를 클릭한 후 조절점(⌐, ⌐)을 드래그하여
원하는 그림만 남기고 Esc 키를 눌러 작업을 완료합니다.

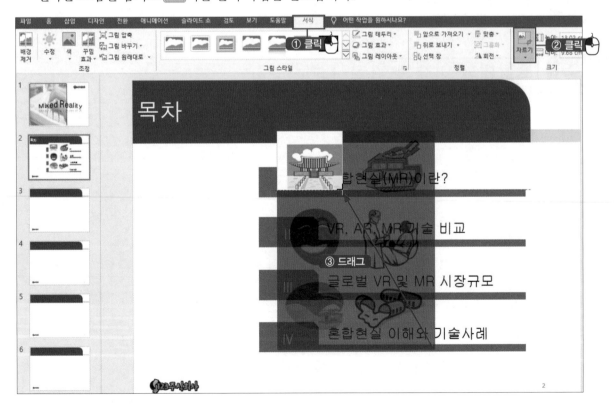

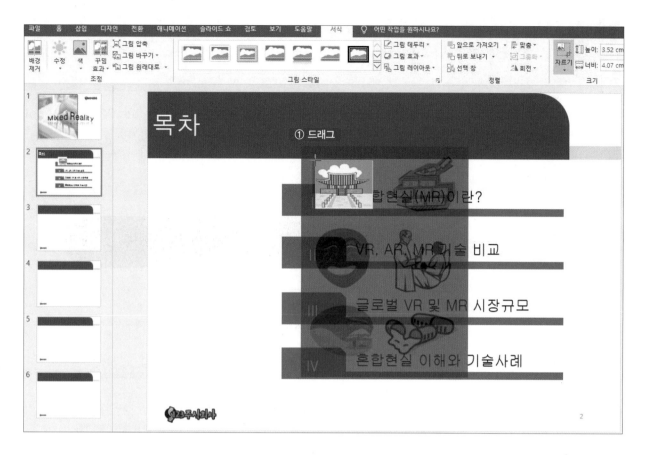

3 《출력형태》처럼 그림의 위치와 크기를 조절하고 [Esc]키를 눌러 선택을 해제한 후 [빠른 실행] 도구 모음의 [저장 💾] 도구를 클릭하여 저장합니다.(또는 [Ctrl]+[S] 키)

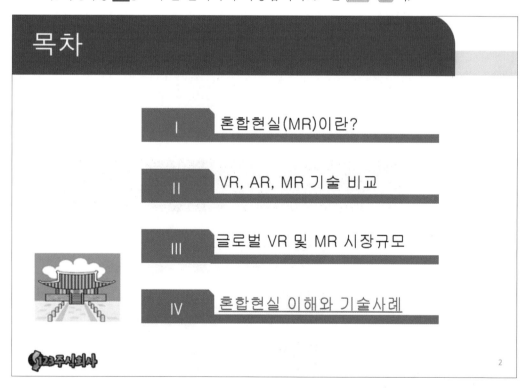

실력 향상을 위한 실전 연습문제

● 예제 파일 : Section01_01(정답).pptx   ● 정답 파일 : Section02_01(정답).pptx

01 다음 조건을 적용하여 슬라이드를 작성하시오.

(1) 출력형태와 같이 도형을 이용하여 목차를 작성한다(글꼴 : 돋움, 24pt).
(2) 도형 : 선 없음

세부조건

① 텍스트에 하이퍼링크 적용
→ '슬라이드 6'

② 그림 삽입
- 「내 PC₩문서₩ITQ₩Picture
  ₩그림5.jpg」
- 자르기 기능 이용

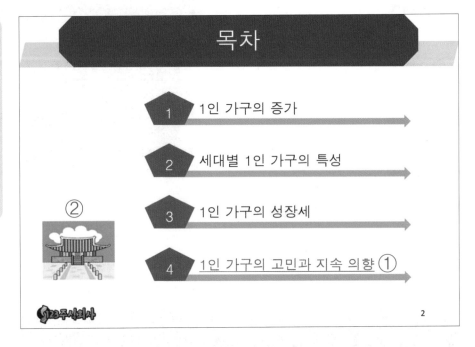

● 예제 파일 : Section01_02(정답).pptx   ● 정답 파일 : Section02_02(정답).pptx

02 다음 조건을 적용하여 슬라이드를 작성하시오.

(1) 출력형태와 같이 도형을 이용하여 목차를 작성한다(글꼴 : 돋움, 24pt).
(2) 도형 : 선 없음

세부조건

① 텍스트에 하이퍼링크 적용
→ '슬라이드 6'

② 그림 삽입
- 「내 PC₩문서₩ITQ₩Picture
  ₩그림4.jpg」
- 자르기 기능 이용

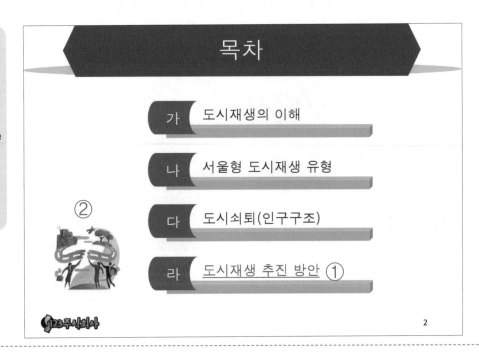

● 예제 파일 : Section01_03(정답).pptx   ● 정답 파일 : Section02_03(정답).pptx

03 다음 조건을 적용하여 슬라이드를 작성하시오.

(1) 출력형태와 같이 도형을 이용하여 목차를 작성한다(글꼴 : 굴림, 24pt).
(2) 도형 : 선 없음

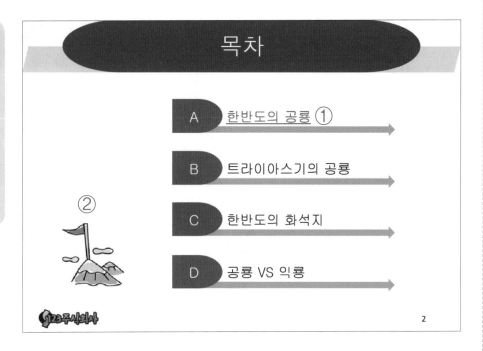

● 예제 파일 : Section01_04(정답).pptx   ● 정답 파일 : Section02_04(정답).pptx

04 다음 조건을 적용하여 슬라이드를 작성하시오.

(1) 출력형태와 같이 도형을 이용하여 목차를 작성한다(글꼴 : 돋움, 24pt).
(2) 도형 : 선 없음

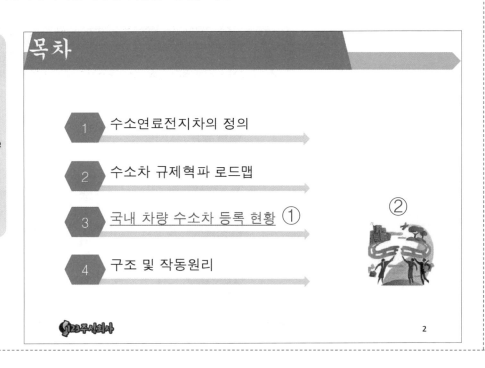

실력 향상을 위한 실전 연습문제

● 예제 파일 : Section01_05(정답).pptx   ● 정답 파일 : Section02_05(정답).pptx

05 다음 조건을 적용하여 슬라이드를 작성하시오.

(1) 출력형태와 같이 도형을 이용하여 목차를 작성한다(글꼴 : 굴림, 24pt).
(2) 도형 : 선 없음

세부조건

① 텍스트에 하이퍼링크 적용
→ '슬라이드 5'

② 그림 삽입
- 「내 PC₩문서₩ITQ₩Picture
₩그림4.jpg」
- 자르기 기능 이용

● 예제 파일 : Section01_06(정답).pptx   ● 정답 파일 : Section02_06(정답).pptx

06 다음 조건을 적용하여 슬라이드를 작성하시오.

(1) 출력형태와 같이 도형을 이용하여 목차를 작성한다(글꼴 : 궁서, 24pt).
(2) 도형 : 선 없음

세부조건

① 텍스트에 하이퍼링크 적용
→ '슬라이드 4'

② 그림 삽입
- 「내 PC₩문서₩ITQ₩Picture
₩그림5.jpg」
- 자르기 기능 이용

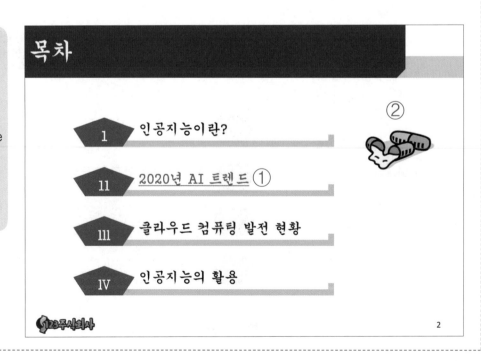

[슬라이드 3] 텍스트/동영상 슬라이드

배점 **60** 점

제목 및 내용이나 콘텐츠 2개 슬라이드에서 글머리 기호, 줄 간격, 동영상(비디오) 삽입 기능을 적용합니다.

● 정답 파일 : Section03(정답).pptx

[슬라이드 3] 텍스트/동영상 슬라이드

(1) 텍스트 작성 : 글머리 기호 사용(❖ , ■)

❖ 문단(굴림, 24pt, 굵게, 줄간격 : 1.5줄), ■ 문단(굴림, 20pt, 줄간격 : 1.5줄)

세부조건

① 동영상 삽입 :
- 「내 PC₩문서₩ITQ₩ Picture₩동영상.wmv」
- 자동실행, 반복재생 설정

Ⅰ.혼합현실(MR)이란?

❖ **Mixed Reality(MR)**

- A reality created by mixing various methods
- A word that refers to all the ways that exist between reality, virtual reality(VR) and augmented reality(AR)

❖ **혼합현실**

- 다양한 방식을 혼합해 만들어낸 현실로 현실과 가상 현실, 증강현실 사이에 존재할 수 있는 모든 방식을 통틀어 일컫는 말

①

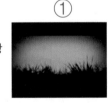

123주식회사

3

핵심 체크

1. 텍스트 상자 작성
- 글머리 기호 : [홈] 탭-[단락] 그룹-[글머리 기호 ▤] 이용, [목록 수준 늘림 ▤] 또는 Tab 키로 하위 목록 만들기
- 줄 간격 지정 : [홈] 탭-[단락] 그룹에서 [줄 간격 ▤▾] 도구를 이용하거나 옵션단추(▨)-[단락] 대화상자에서 지정
2. 동영상 삽입 : 미디어 클립 삽입을 클릭하거나, [삽입] 탭-[미디어] 그룹-[비디오 ▭] 클릭

※ 작성 순서
텍스트 입력(글머리 기호, 줄 간격) → 동영상(비디오) 삽입

1 세 번째 슬라이드를 선택한 후 상단의 제목에 'I.혼합현실(MR)이란?'을 입력합니다.

Check Point

'ㅈ'을 입력한 후 한자 키를 클릭하고 [보기 변경 »] 단추를 클릭한 후 'I'을 클릭하여 삽입합니다.

2 본문 텍스트 상자의 테두리를 클릭하고 바로가기 메뉴에서 [도형 서식]을 클릭한 후 오른쪽 [도형 서식] 창에서 [텍스트 옵션]-[텍스트 상자 ▣]-'자동 맞춤 안 함'을 선택하고 종료(▨) 단추를 클릭합니다.

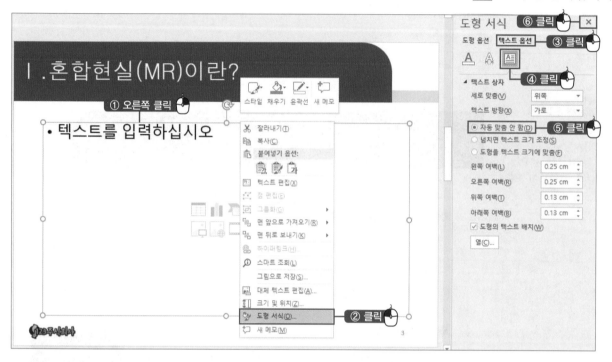

Check Point

- 텍스트 상자의 내용이 텍스트 상자의 크기에 비해 많을 경우 글꼴의 크기와 줄 간격이 자동 조정되므로, 이를 방지하기 위해 '자동 맞춤 안 함'을 설정합니다.
- [제목 및 내용] 슬라이드의 텍스트 상자를 삭제한 후 [삽입] 탭-[텍스트] 그룹에서 [가로 텍스트 상자 그리기 ▣]를 이용해도 됩니다.

3 텍스트를 입력할 위치에 마우스를 클릭한 후 [홈] 탭-[단락] 그룹-[글머리 기호 ▣]에서 ❖ 기호를 클릭합니다.

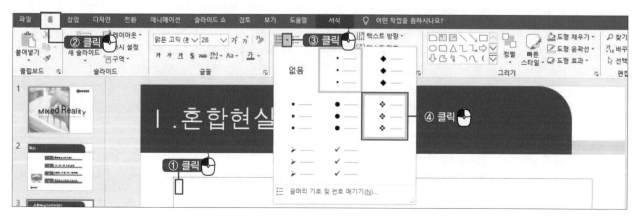

[글머리 기호 ⋮∎⁻]에서 원하는 기호가 없을 경우에는 [글머리 기호 및 번호 매기기]를 클릭한 후 [글머리 기호 및 번호 매기기] 대화상자에서 [사용자 지정]을 클릭하고 글꼴(예: Wingding)을 선택한 후 원하는 기호를 찾습니다.

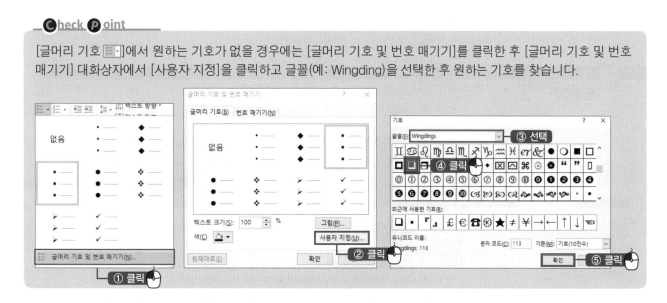

4 'Mixed Reality(MR)'을 입력하고 Enter 키를 눌러 다음 줄로 이동합니다. Tab 키를 클릭한 후 [홈] 탭-[단락] 그룹-[글머리 기호 ⋮∎⁻]에서 (∎) 기호를 클릭합니다.

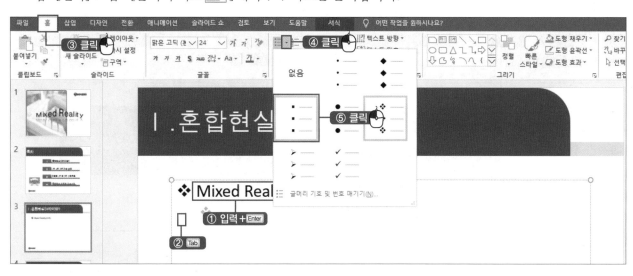

• [목록 수준 늘림 ∎⊒] = Tab
• [목록 수준 줄임 ⊑∎] = Shift + Tab
• 글머리 기호 없이 다음 주로 이동 = Shift + Enter

5 나머지 내용을 입력합니다. 이때 Enter 키를 눌러 다음 줄로 이동하면 현재의 글머리 기호가 적용됩니다.

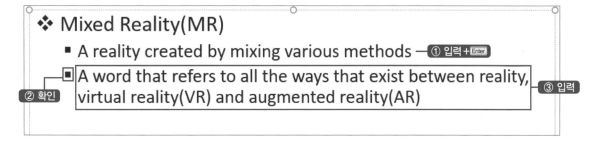

6 1수준의 텍스트를 범위 지정한 후 [홈] 탭의 [글꼴] 그룹에서 '글꼴 : 굴림', '글꼴 크기 : 24pt', '굵게'를 지정하고 [단락] 그룹의 [줄 간격 ☰▾]에서 '1.5줄'을 선택합니다.

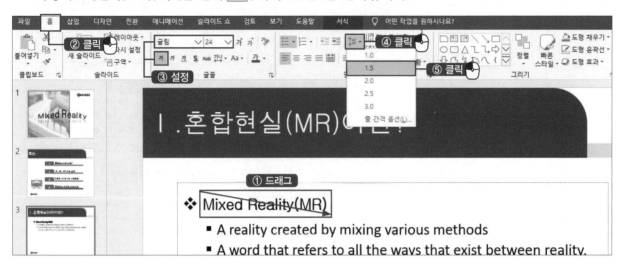

7 2수준의 텍스트를 범위 지정한 후 [홈] 탭의 [글꼴] 그룹에서 '글꼴 : 굴림', '글꼴 크기 : 20pt'를 지정하고 [단락] 그룹의 [줄 간격 ☰▾]에서 '1.5줄'을 선택합니다.

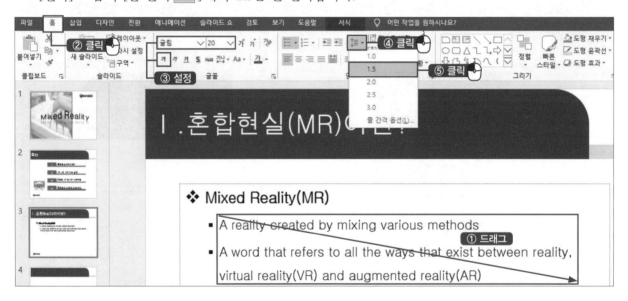

8 영문 텍스트 상자를 선택한 후 Ctrl + Shift 키를 누른 채 아래쪽으로 드래그하여 복사합니다.

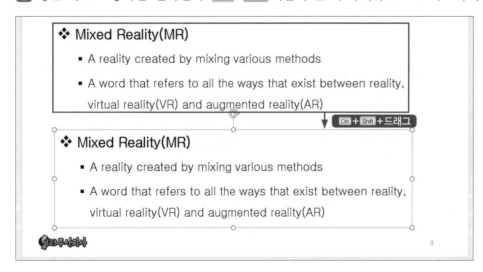

⑨ 한글 내용을 입력한 후 《출력형태》처럼 텍스트 상자의 크기를 조절합니다.

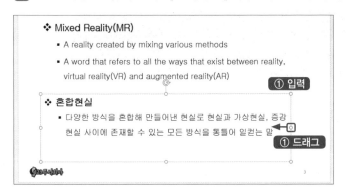

단계 2 동영상(비디오) 삽입

① 동영상을 삽입하기 위해 [삽입] 탭-[미디어] 그룹-[비디오 📷]-[내 PC의 비디오]를 클릭합니다.

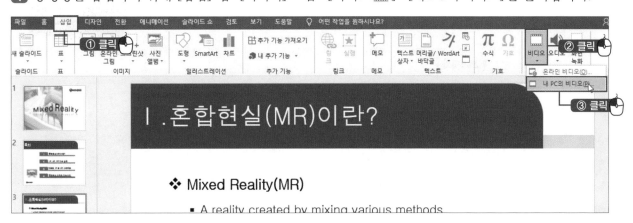

② [비디오 삽입] 대화상자에서 「내 PC₩문서₩ITQ₩Picture」폴더에 있는 '동영상.wmv' 파일을 선택한 후 [삽입] 단추를 클릭합니다.

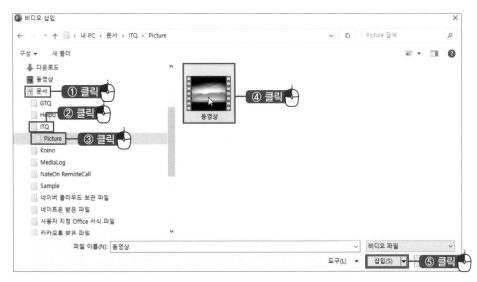

3 [비디오 도구]- [재생] 탭-[비디오 옵션] 그룹에서 '시작 : 자동 실행', '반복 재생'에 체크 표시한 후 《출력형태》처럼 위치와 크기를 조절합니다. Esc 키를 눌러 선택을 해제합니다.

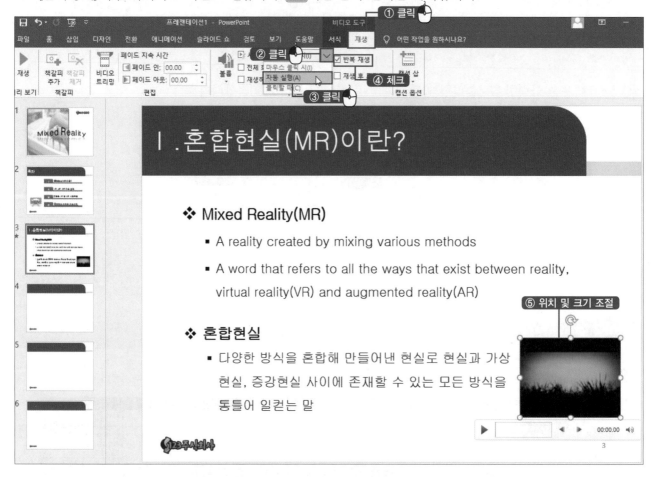

4 [빠른 실행] 도구 모음의 [저장 🔲] 도구를 클릭하여 저장합니다.(또는 Ctrl + S 키)

실력 향상을 위한 실전 연습문제

● 예제 파일 : Section02_01(정답).pptx   ● 정답 파일 : Section03_01(정답).pptx

01 다음 조건을 적용하여 슬라이드를 작성하시오.

(1) 텍스트 작성 : 글머리 기호 사용(❖, ■)
　　❖ 문단(굴림, 24pt, 굵게, 줄 간격 : 1.5줄), ■ 문단(굴림, 20pt, 줄 간격 : 1.5줄)

세부조건

① 동영상 삽입 :
- 「내 PC₩문서₩ITQ₩Picture₩ 동영상.wmv」
- 자동실행, 반복재생 설정

1. 1인 가구의 증가

❖ Single-person households
- Korea's single-person households are expected to grow faster than previously expected and continue to grow even when the population growth rate becomes negative

①

❖ 1인 가구의 증가
- 한국의 1인 가구는 기존 예상보다 더 빠르게 증가하여 인구성장률이 마이너스가 되는 시점에도 지속 성장할 전망
- 1인 가구 비중의 증가는 전국적인 현상

3

● 예제 파일 : Section02_02(정답).pptx   ● 정답 파일 : Section03_02(정답).pptx

02 다음 조건을 적용하여 슬라이드를 작성하시오.

(1) 텍스트 작성 : 글머리 기호 사용(❖, ■)
　　❖ 문단(굴림, 24pt, 굵게, 줄 간격 : 1.5줄), ■ 문단(굴림, 20pt, 줄 간격 : 1.5줄)

세부조건

① 동영상 삽입 :
- 「내 PC₩문서₩ITQ₩Picture₩동영상.wmv」
- 자동실행, 반복재생 설정

가. 도시재생의 이해

❖ Urban Regeneration
- Urban regeneration is the attempt to reverse that decline by both improving the physical structure and more importantly and elusively, the economy of those areas

①

❖ 도시재생
- 물리적 정비와 함께 지역의 사회 경제적 환경을 고려하여 지속 가능한 도시활력을 창출할 수 있는 정비 방식
- 지역여건에 따른 다양한 맞춤형 재생으로 시민이 함께 체감

3

실력 향상을 위한 실전 연습문제

● 예제 파일 : Section02_03(정답).pptx   ● 정답 파일 : Section03_03(정답).pptx

03 다음 조건을 적용하여 슬라이드를 작성하시오.

(1) 텍스트 작성 : 글머리 기호 사용(❖, ■)

❖ 문단(굴림, 24pt, 굵게, 줄 간격 : 1.5줄), ■ 문단(굴림, 20pt, 줄 간격 : 1.5줄)

세부조건

① 동영상 삽입 :
- 「내 PC₩문서₩ITQ₩
  Picture₩동영상.wmv」
- 자동실행, 반복재생 설정

A. 한반도의 공룡

❖ Koreanosaurus

- EBS documentary 'Korean Dinosaur' shows the pterosaurs that made the foot prints in Haenam-gun where the Uhangri Dinosaur Museum is located now

①

❖ 코리아노사우루스 보성엔시스

- 우리나라 최초로 전남 보성군 비봉리에서 화석이 발견된 공룡
- 약 8천만 년 전인 백악기 후기에 살았으며 어깨뼈와 위팔뼈가 발달하여 땅을 파는 동작에 매우 능했을 것으로 추측

3

● 예제 파일 : Section02_04(정답).pptx   ● 정답 파일 : Section03_04(정답).pptx

04 다음 조건을 적용하여 슬라이드를 작성하시오.

(1) 텍스트 작성 : 글머리 기호 사용(●, ➢)

● 문단(굴림, 24pt, 굵게, 줄 간격 : 1.5줄), ➢ 문단(굴림, 20pt, 줄 간격 : 1.5줄)

세부조건

① 동영상 삽입 :
- 「내 PC₩문서₩ITQ₩
  Picture₩동영상.wmv」
- 자동실행, 반복재생 설정

1. 수소연료전지차의 정의

● FCEV : Fuel Cell Electric Vehicle

➢ FCEV is an electric vehicle that uses a fuel cell, sometimes in combination with a small battery or supercapacitor, to power its onboard electric motor

①

● 수소연료전지차

➢ 수소연료전지차는 연료전지를 사용하는 전기 자동차로, 소형배터리, 슈퍼 커패시터와 결합하여 전기 모터에 전력을 공급
➢ 연료비가 싸고, 출력이 높으며, 전기자동차에 비해 충전 시간이 짧음

3

● 예제 파일 : Section02_05(정답).pptx ● 정답 파일 : Section03_05(정답).pptx

O5 다음 조건을 적용하여 슬라이드를 작성하시오.

(1) 텍스트 작성 : 글머리 기호 사용(❖, ➢)
  ❖ 문단(굴림, 24pt, 굵게, 줄 간격 : 1.5줄), ➢ 문단(굴림, 20pt, 줄 간격 : 1.5줄)

세부조건

① 동영상 삽입 :
– 「내 PC₩문서₩ITQ₩ Picture₩동영상.wmv」
– 자동실행, 반복재생 설정

ⅰ. 욜디락스 정의

❖ Yoldilocks
  ➢ YOLD is a young adult population between 65 and 79
  ➢ Yoldilocks means the ideal economic revival led by the YOLD generation, who are neither young nor old

❖ 욜디락스
  ➢ 욜드는 65세에서 79세 사이의 젊은 노인 인구를 말하며 욜디락스는 젊지도 늙지도 않은 욜드세대가 주도하는 이상적인 경제 부활을 의미

①

ABC주식회사

3

● 예제 파일 : Section02_06(정답).pptx ● 정답 파일 : Section03_06(정답).pptx

O6 다음 조건을 적용하여 슬라이드를 작성하시오.

(1) 텍스트 작성 : 글머리 기호 사용(◆, ✓)
  ◆ 문단(굴림, 24pt, 굵게, 줄 간격 : 1.5줄), ✓ 문단(굴림, 20pt, 줄 간격 : 1.5줄)

세부조건

① 동영상 삽입 :
– 「내 PC₩문서₩ITQ₩ Picture₩동영상.wmv」
– 자동실행, 반복재생 설정

1. 인공지능이란?

◆ Artificial Intelligence
  ✓ AI is the intelligence exhibited by machines or software just like human being
  ✓ AI research include reasoning, knowledge, planning, learning, natural language and perception

◆ 인공지능이란
  ✓인간의 학습능력과 추론 및 지각능력의 이해능력을 갖춘 컴퓨터 시스템으로 자율주행차, 외국어 자동번역 시스템 및 전문가 시스템 등이 그 활용 분야

①

123주식회사

3

배점 **80** 점

| 무료 동영상 |

[슬라이드 4] 표 슬라이드

표 기능으로 표를 만든 후 두 개의 도형을 조합하거나 도형에 그라데이션을 적용하여 완성합니다.

● 정답 파일 : Section04(정답).pptx

[슬라이드 4] 표 슬라이드

(1) 도형과 표 작성 기능을 이용하여 슬라이드를 작성한다(글꼴 : 돋움, 18pt).

세부조건

① 상단 도형 : 2개 도형의 조합으로 작성

② 좌측 도형 : 그라데이션 효과(선형 아래쪽)

③ 표 스타일 : 테마 스타일 1 - 강조 1

Ⅱ.VR, AR, MR 기술 비교

	가상현실(VR)	증강현실(AR)	혼합현실(MR)
구현 방식	현실세계를 차단하고 디지털 환경만 구축	현실 정보 위에 가상 정보를 업혀서 보여주는 기술	현실 정보 기반에 가상 정보를 융합
장점	몰입감 뛰어남	현실과 상호작용 가능	현실과 상호작용 우수 사실감, 몰입감 극대
단점	현실과 상호작용 약함	시야와 정보 분리 몰입감 떨어짐	데이터의 대용량 장비나 기술적 제약

123주식회사 ③ 4

핵심체크

1. 표 작성 : 표 삽입(▦) 아이콘이나 [삽입] 탭-[표] 그룹-[표 ▦]를 이용하여 작성
2. 표 스타일 : [표 도구]-[디자인] 탭-[표 스타일] 그룹에서 스타일 지정
3. 상단 도형 작성 : 두 개의 도형을 조합하여 작성
4. 좌측 도형 작성 : 그라데이션 지정

※ 작성 순서
표 작성, 스타일 지정 → 상단 도형 작성 → 좌측 도형 작성

1 네 번째 슬라이드를 선택한 후 슬라이드 상단 제목에 'II.VR, AR, MR 기술 비교'를 입력합니다.

2 내용 상자에서 [표 삽입 ▦] 아이콘을 클릭한 후 [표 삽입] 대화상자에서 '열 개수 : 3', '행 개수 : 3'을 지정하고 [확인] 단추를 클릭합니다.

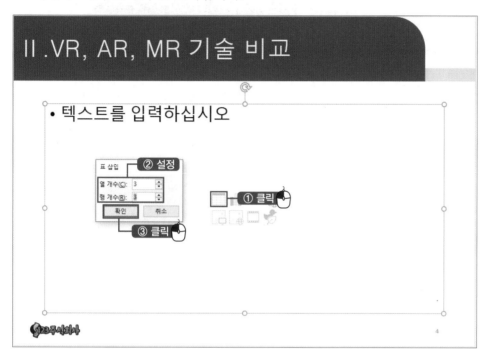

**C**heck **P**oint

[삽입] 탭-[표] 그룹의 [표 ▦]에서 마우스를 드래그하여 3열, 3행의 표를 삽입할 수도 있습니다.

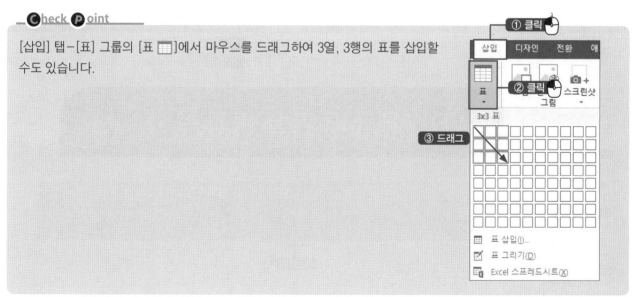

3 [표 도구]-[디자인] 탭의 [표 스타일 옵션] 그룹에서 '머리글 행'과 '줄 무늬 행'의 체크를 해제한 후 [표 스타일] 그룹의 자세히(⏷)단추를 클릭하고 '테마 스타일 1 - 강조 1'을 선택합니다.

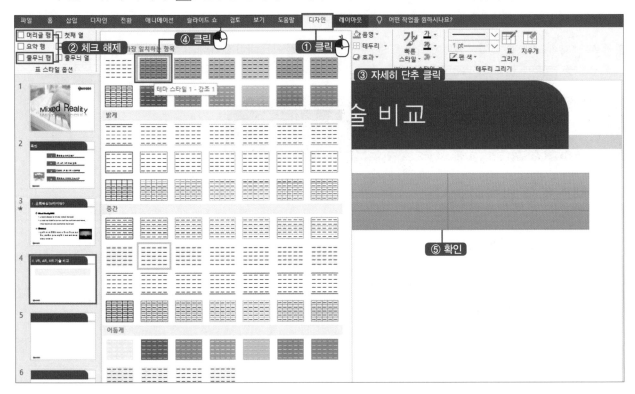

4 표 내용을 가운데 맞춤 입력하기 위해 [표 도구]-[레이아웃] 탭에서 [가운데 맞춤 ▤], [세로 가운데 맞춤 ▤] 도구를 클릭합니다.

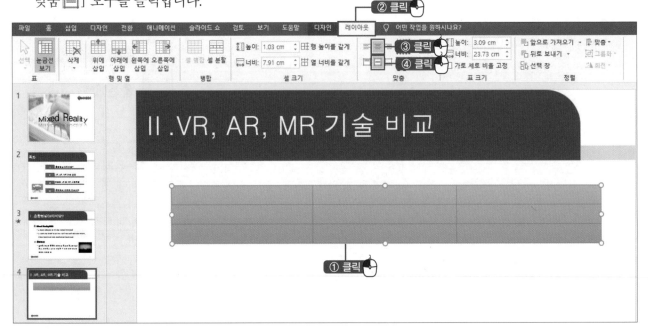

5 [홈] 탭에서 '글꼴 : 돋움', '글꼴 크기 : 18'을 지정한 후 표의 하단 조절점(○)을 아래로 드래그하여 표의 높이를 조절합니다.

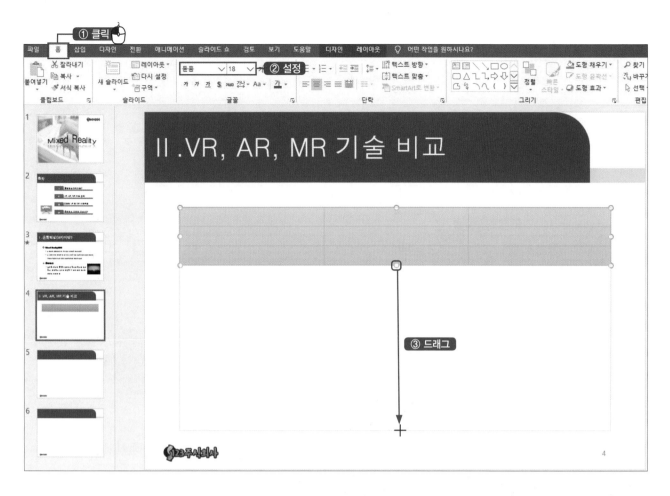

6 상단 조절점(○)을 아래로 드래그하고, 왼쪽 조절점(○)을 오른쪽으로 드래그하여 《출력형태》처럼 크기를 조절합니다.

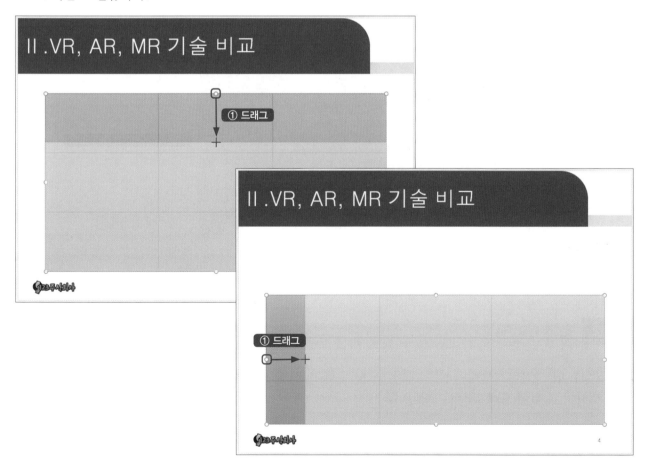

- 표 내부의 셀 크기 조절(마우스 포인트 모양이 ◄╟► 일 때 드래그)

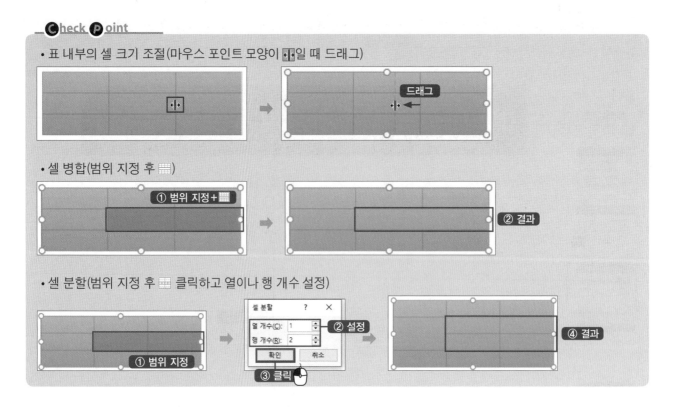

- 셀 병합(범위 지정 후 ▦)

- 셀 분할(범위 지정 후 ▦ 클릭하고 열이나 행 개수 설정)

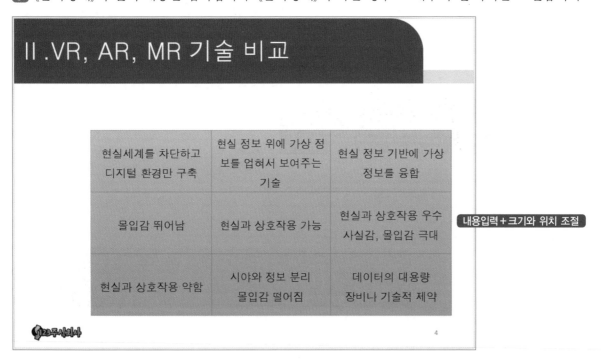

7 《출력형태》와 같이 내용을 입력합니다. 《출력형태》와 다를 경우 표 내부의 셀 너비를 조절합니다.

II. VR, AR, MR 기술 비교

현실세계를 차단하고 디지털 환경만 구축	현실 정보 위에 가상 정보를 업혀서 보여주는 기술	현실 정보 기반에 가상 정보를 융합
몰입감 뛰어남	현실과 상호작용 가능	현실과 상호작용 우수 사실감, 몰입감 극대
현실과 상호작용 약함	시아와 정보 분리 몰입감 떨어짐	데이터의 대용량 장비나 기술적 제약

내용입력+크기와 위치 조절

4

단계 2 상단 도형 작성

1 [삽입] 탭-[일러스트레이션] 그룹-[도형 ◇]의 사각형에서 '한쪽 모서리가 잘린 사각형 ◻'을 선택하여 표 위에 드래그하여 그립니다.

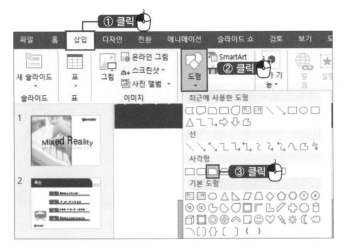

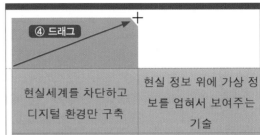

Check Point

되도록 《출력형태》처럼 작성하되, 세밀한 조정은 조절점(○)을 이용합니다. 이 경우 Alt 키를 이용합니다.
도형 작성 시 기본 색상을 유지해도 되고, 구별하기 위해 [그리기 도구]-[서식] 탭-[도형 스타일] 그룹의 [도형 채우기 🖍]에서 임의의 색상(파랑, 강조 1)을 지정합니다.

Check Point

표와 도형의 크기(높이 또는 너비)를 정확히 맞추기 위해서는 수치를 직접 입력하는 방법이 있습니다. 먼저, 표에 커서를 위치시킨 후 [표 도구]-[레이아웃] 탭-[셀 크기] 그룹-[표 열 너비 🖿]에서 너비 '7.2cm'를 확인합니다. '한쪽 모서리가 잘린 사각형(◻)'을 클릭한 후 [그리기 도구]-[서식] 탭-[크기] 그룹-[도형 너비 🖿]에서 '7.2cm'를 입력하면 표의 너비와 도형의 너비가 같아집니다.

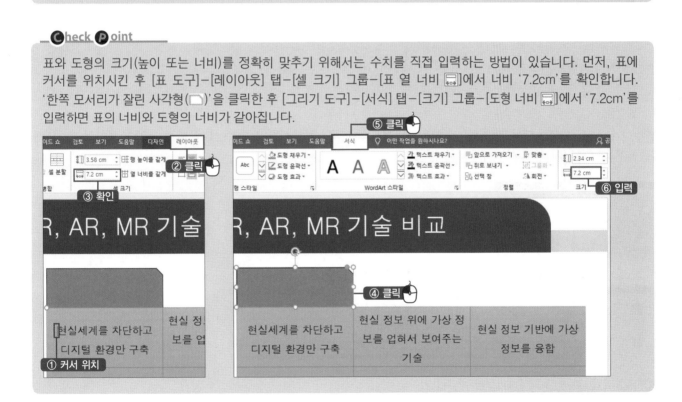

2 [삽입] 탭-[일러스트레이션] 그룹-[도형 ⬡]의 기본 도형에서 '십자형(✚)'을 선택하여 한쪽 모서리가 잘린 사각형 위에 드래그하여 그린 후 [그리기 도구]-[서식] 탭-[도형 스타일] 그룹의 [도형 채우기 🖍] 에서 임의의 색상(파랑, 강조 5, 60% 더 밝게)을 지정합니다. 도형의 윤곽선(검정, 텍스트 1)을 설정합니다.

3 십자형 도형이 선택된 상태에서 [홈] 탭에서 '글꼴 : 돋움'. '글꼴 크기 : 18pt', '글꼴 색 : 검정'을 설정한 후 '가상현실(VR)'을 입력합니다.

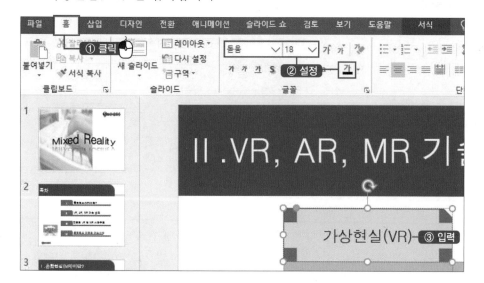

Ⓒheck Ⓟoint

• 도형에 내용을 입력할 때 기본적으로 글꼴 색은 흰색이므로 반드시 검정색으로 설정합니다.
• 도형에 텍스트 서식(글꼴, 글꼴 크기, 글꼴 색, 굵게 등)과 도형 서식(윤곽선 유무, 윤곽선 색과 두께 등)을 작성하고 마우스 오른쪽 버튼을 눌러 바로가기 메뉴에서 [기본 도형으로 설정]을 클릭하면, 이후 작성하는 도형에는 같은 텍스트 서식과 도형 서식이 적용되므로 작업 시간을 단축할 수 있습니다.

4 마우스로 드래그하여 두 개의 도형을 선택한 후 Ctrl+Shift 키를 누르면서 오른쪽으로 드래그하여 두 개 더 복사합니다.

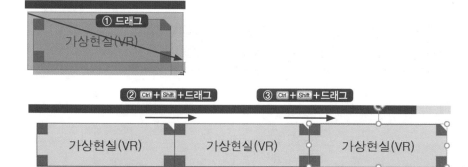

5 《출력형태》처럼 내용을 수정합니다.

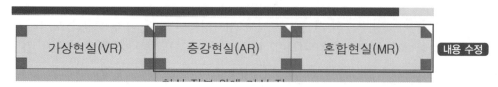

1 [삽입] 탭-[일러스트레이션] 그룹-[도형 🔷]의 블록 화살표에서 '오각형 ▷'을 선택하여 표 위에 드래그하여 그립니다.

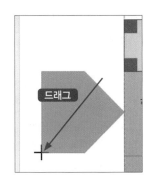

2 도형을 회전하기 위해 [그리기 도구]-[서식] 탭-[정렬] 그룹-[회전 🔺]-[좌우 대칭 ▲]을 클릭합니다.

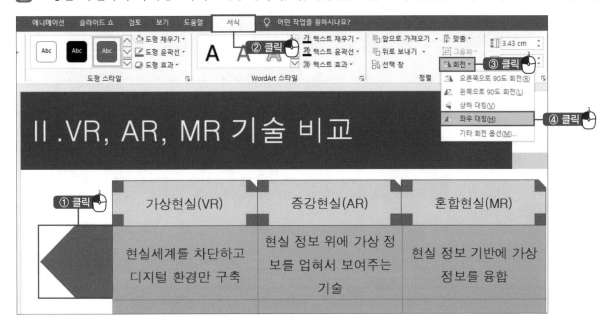

3 [그리기 도구]-[서식] 탭-[도형 채우기 🖌]에서 임의의 색(황금색, 강조 4, 60% 더 밝게)을 선택한 후 다시 [그리기 도구]-[서식] 탭-[도형 채우기 🖌]-[그라데이션]에서 '선형 아래쪽'을 선택합니다.

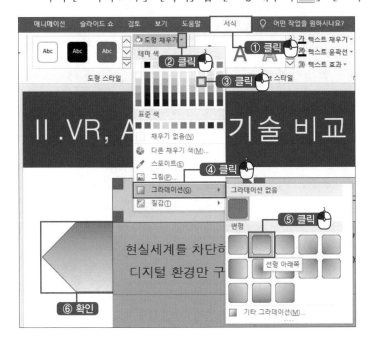

4 오각형 도형이 선택된 상태에서 [홈] 탭에서 '글꼴 : 돋움'. '글꼴 크기 : 18pt', '글꼴 색 : 검정'을 설정한 후 '구현방식'을 입력합니다.

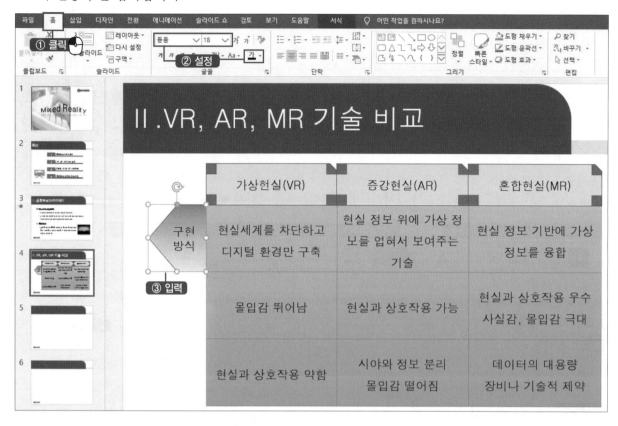

5 오각형 도형이 선택된 상태에서 Ctrl + Shift 키를 누르면서 아래쪽으로 드래그하여 두 개 더 복사한 후 《출력형태》처럼 내용을 수정합니다.

	가상현실(VR)	증강현실(AR)	혼합현실(MR)
구현방식	현실세계를 차단하고 디지털 환경만 구축	현실 정보 위에 가상 정보를 업혀서 보여주는 기술	현실 정보 기반에 가상 정보를 융합
장점	몰입감 뛰어남	현실과 상호작용 가능	현실과 상호작용 우수 사실감, 몰입감 극대
단점	현실과 상호작용 약함	시야와 정보 분리 몰입감 떨어짐	데이터의 대용량 장비나 기술적 제약

① Ctrl + Shift + 드래그
② Ctrl + Shift + 드래그
③ 내용 수정

Check **P**oint

표의 상단과 좌측 도형의 위치가 《출력형태》와 조금 다를 경우 조절점(○)이나 Alt 키를 이용하여 조절하거나 53쪽의 Check Point를 참고하여 조절합니다.

6 [빠른 실행] 도구 모음의 [저장 💾] 도구를 클릭하여 저장합니다. (또는 Ctrl + S 키)

실력 향상을 위한 실전 연습문제

● 예제 파일 : Section03_01(정답).pptx ● 정답 파일 : Section04_01(정답).pptx

01 다음 조건을 적용하여 슬라이드를 작성하시오.

(1) 도형과 표 작성 기능을 이용하여 슬라이드를 작성한다(글꼴 : 굴림, 18pt).

세부조건

① 상단 도형 : 2개 도형의 조합으로 작성

② 좌측 도형 : 그라데이션 효과(선형 아래쪽)

③ 표 스타일 : 테마 스타일 1 - 강조 6

2. 세대별 1인 가구의 특성

	1인 생활의 주요 원인	특징
청년층	개인적 시간과 여유를 즐기는 자유로운 삶을 추구, 학업 및 직장 등으로 인한 이동	고시원 및 월세의 비중이 높아 주거 안정성이 취약함
중년층	자녀의 글로벌 교육을 위한 분거 상태, 직장 이동, 이혼 및 사별 등	중년층 니트족이 증가, 고용의 질과 소득이 낮음
노년층	결혼 후 부모와 함께 사는 전통적 가치관 탈피	소득이 적고 경제활동 비율이 낮음

● 예제 파일 : Section03_02(정답).pptx ● 정답 파일 : Section04_02(정답).pptx

02 다음 조건을 적용하여 슬라이드를 작성하시오.

(1) 도형과 표 작성 기능을 이용하여 슬라이드를 작성한다(글꼴 : 굴림, 18pt).

세부조건

① 상단 도형 : 2개 도형의 조합으로 작성

② 좌측 도형 : 그라데이션 효과(선형 아래쪽)

③ 표 스타일 : 테마 스타일 1 - 강조 6

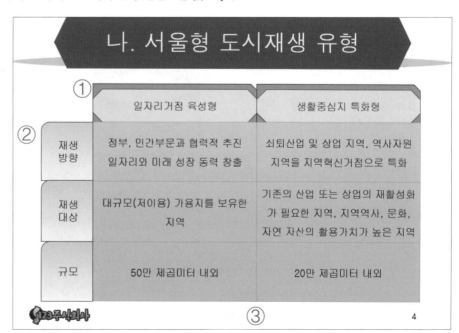

나. 서울형 도시재생 유형

	일자리거점 육성형	생활중심지 특화형
재생 방향	정부, 민간부문과 협력적 추진 일자리와 미래 성장 동력 창출	쇠퇴산업 및 상업 지역, 역사자원 지역을 지역혁신거점으로 특화
재생 대상	대규모(저이용) 가용지를 보유한 지역	기존의 산업 또는 상업의 재활성화가 필요한 지역, 지역역사, 문화, 자연 자산의 활용가치가 높은 지역
규모	50만 제곱미터 내외	20만 제곱미터 내외

실력 향상을 위한 실전 연습문제

● 예제 파일 : Section03_03(정답).pptx   ● 정답 파일 : Section04_03(정답).pptx

03   다음 조건을 적용하여 슬라이드를 작성하시오.

(1) 도형과 표 작성 기능을 이용하여 슬라이드를 작성한다(글꼴 : 굴림, 18pt).

세부조건

① 상단 도형 : 2개 도형의 조합으로 작성

② 좌측 도형 : 그라데이션 효과(선형 오른쪽)

③ 표 스타일 : 테마 스타일 1 – 강조 6

B. 트라이아스기의 공룡

		학명	특징	화석 발굴지
	초식 공룡	메라노로사우루스	몸길이 12m로 4족 보행	남아프리카
		바라파사우루스	용각류 중 가장 오래된 공룡	인도
	육식 공룡	에우디모르포돈	긴꼬리와 뾰족한 이빨	이탈리아
		타니스트로페우스	가장 목이 긴 공룡	독일, 스위스
		쇼니사우루스	가장 큰 해양 파충류	미국, 캐나다

123주식회사

4

● 예제 파일 : Section03_04(정답).pptx   ● 정답 파일 : Section04_04(정답).pptx

04   다음 조건을 적용하여 슬라이드를 작성하시오.

(1) 도형과 표 작성 기능을 이용하여 슬라이드를 작성한다(글꼴 : 굴림, 18pt).

세부조건

① 상단 도형 : 2개 도형의 조합으로 작성

② 좌측 도형 : 그라데이션 효과(선형 아래쪽)

③ 표 스타일 : 테마 스타일 1 – 강조 6

2. 수소차 규제혁파 로드맵

	1단계	2단계	3단계
연료 전지	저 연비, 단 수명	고 연비, 장 수명	고 연비, 장 수명
수소 공급	부생수소 저용량, 근거리	추출수소 대용량, 근거리	해외수소 + 수전해 대용량, 원거리
활용 영역	승용차 중심	승용, 상용차 본격 확산	건설기계, 열차, 선박 상용화
규제 개선	수소차 차량운행 경고음 발생장치 의무화	수소차 전용보험상품 개발 및 보급	재생에너지 연계전기 수소통합 충전소 활성화

123주식회사

4

● 예제 파일 : Section03_05(정답).pptx ● 정답 파일 : Section04_05(정답).pptx

05 **다음 조건을 적용하여 슬라이드를 작성하시오.**

(1) 도형과 표 작성 기능을 이용하여 슬라이드를 작성한다(글꼴 : 돋움, 18pt).

세부조건

① 상단 도형 : 2개 도형의 조합으로 작성

② 좌측 도형 : 그라데이션 효과(선형 위쪽)

③ 표 스타일 : 테마 스타일 1 - 강조 6

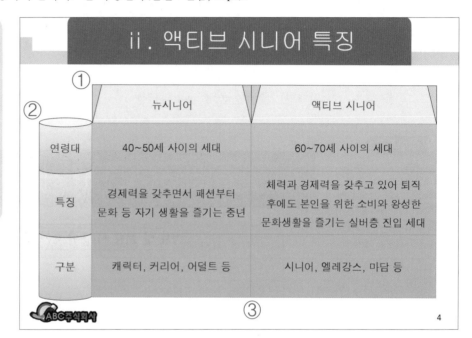

● 예제 파일 : Section03_06(정답).pptx ● 정답 파일 : Section04_06(정답).pptx

06 **다음 조건을 적용하여 슬라이드를 작성하시오.**

(1) 도형과 표 작성 기능을 이용하여 슬라이드를 작성한다(글꼴 : 돋움, 18pt).

세부조건

① 상단 도형 : 2개 도형의 조합으로 작성

② 좌측 도형 : 그라데이션 효과(선형 아래쪽)

③ 표 스타일 : 테마 스타일 1 - 강조 5

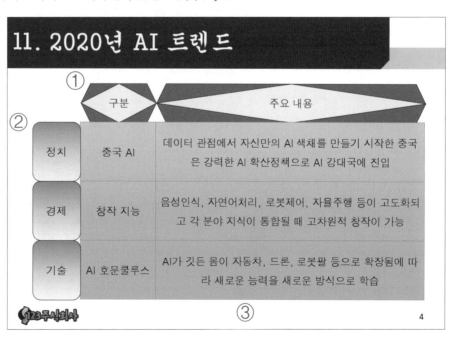

[슬라이드 5] 차트 슬라이드

배점**100**점

무료 동영상

차트를 삽입한 후 차트 종류, 차트 제목, 차트 영역, 그림 영역, 데이터 계열, 데이터 요소 서식, 데이터 테이블 표시 등을 편집하고 도형을 이용하여 텍스트를 작성합니다.

● 정답 파일 : Section05(정답).pptx

[슬라이드 5] 차트 슬라이드

(1) 차트 작성 기능을 이용하여 슬라이드를 작성한다.

(2) 차트 : 종류(묶은 세로 막대형), 글꼴(돋움, 16pt), 외곽선

세부조건

· 차트제목 : 궁서, 24pt, 굵게, 채우기(흰색), 테두리, 그림자(오프셋 오른쪽)
· 차트영역 : 채우기(노랑)
 그림영역 : 채우기(흰색)
· 데이터 서식 : MR 계열을 표식이 있는 꺾은선형으로 변경 후 보조축으로 지정
· 값 표시 : 2018년의 MR 계열만

① 도형 편집
- 스타일 :
 미세효과 – 파랑, 강조1
- 글꼴 : 굴림, 18pt

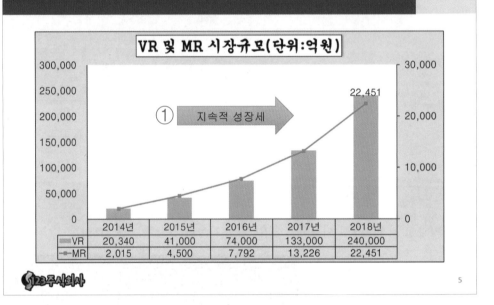

핵심 체크

1. 내용 상자의 [차트 삽입 📊] 아이콘이나 [삽입] 탭–[일러스트레이션] 그룹–[차트 📊] 도구를 이용하여 작성

2. 차트 작성 및 편집 : 제목, 차트 영역, 그림 영역, 데이터 계열, 데이터 요소 서식, 데이터 테이블 표시 등을 편집

3. 도형 작성 : 차트 위에 도형 작성 후 데이터 입력

※ 작성 순서
차트 삽입 → 차트 편집 → 도형 작성

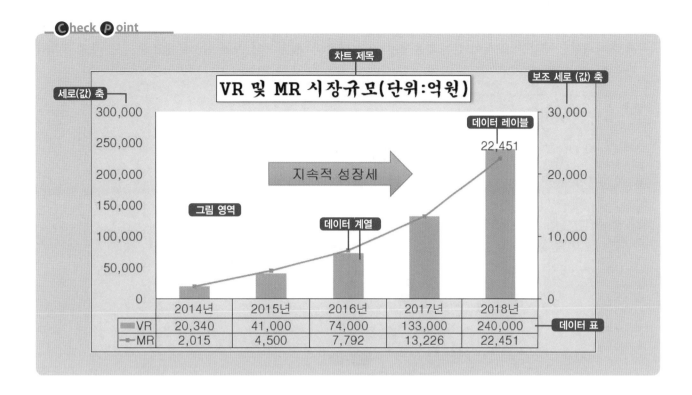

	2014년	2015년	2016년	2017년	2018년
VR	20,340	41,000	74,000	133,000	240,000
MR	2,015	4,500	7,792	13,226	22,451

단계 1 기본 차트 작성

1 다섯 번째 슬라이드를 선택하고 슬라이드 상단 제목에 'III.글로벌 VR 및 MR 시장규모'를 입력한 후 내용 상자에서 [차트 삽입 █] 아이콘을 클릭합니다.

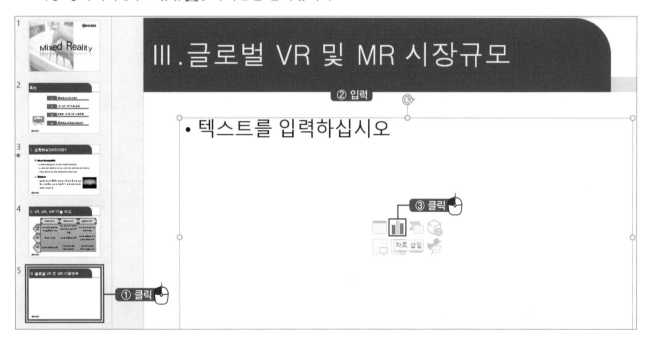

2 [차트 삽입] 대화상자에서 [콤보(또는 혼합)]–[사용자 지정 조합]을 선택합니다. '계열 1 : 묶은 세로 막대형', '계열 2 : 표식이 있는 꺾은선형'을 선택한 후 계열 2의 '보조 축'에 체크 표시를 하고 [확인] 단추를 클릭합니다.

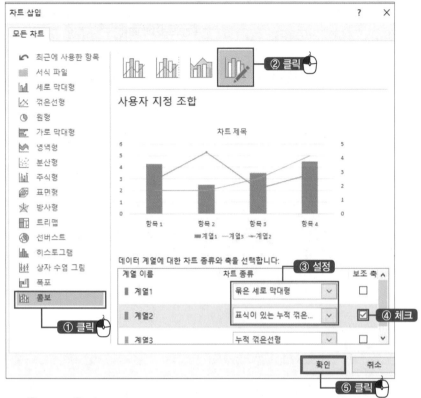

**C**heck **P**oint

[세로 막대형]–[묶은 세로 막대형]으로 설정한 후 계열 2를 '표식이 있는 꺾은선형, 보조 축'으로 변경해도 되지만 《출력형태》를 보고 한번에 차트 종류를 설정하는 것이 시간을 단축할 수 있으며, 대부분 콤보형 차트가 출제됩니다.

3 엑셀 데이터 입력 창이 활성화 되면 《출력형태》의 데이터를 입력할 만큼의 범위를 만들기 위해 마우스 포인트 모양이 일 때 드래그하여 범위를 지정합니다. 범위를 지정한 후 《출력형태》처럼 내용을 입력합니다.

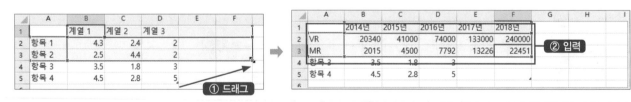

**C**heck **P**oint

셀 서식(숫자, 또는 회계)을 별도로 설정하지 않고 처음부터 숫자에 콤마(,)를 넣어 입력해도 됩니다.

	A	B	C	D	E	F
1		2014년	2015년	2016년	2017년	2018년
2	VR	20,340	41,000	74,000	133,000	240,000
3	MR	2,015	4,500	7,792	13,226	22,451
4	항목 3	3.5	1.8	3		
5	항목 4	4.5	2.8	5		

4 [B2:F3] 영역을 드래그하여 범위 지정한 후 바로가기 메뉴에서 [셀 서식]을 클릭합니다.

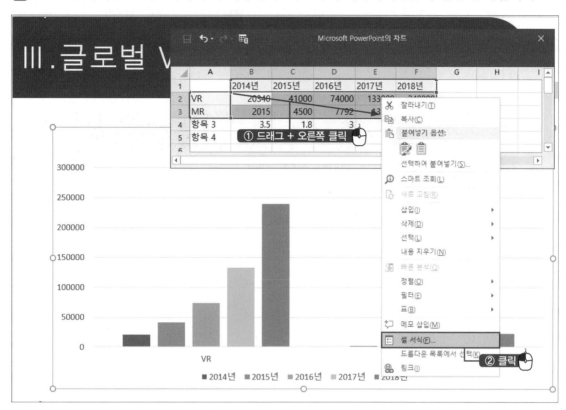

5 [셀 서식] 대화상자에서 '범주 : 숫자', '1000 단위 구분 기호(,) 사용'에 체크 표시한 후 [확인] 단추를 클릭합니다.

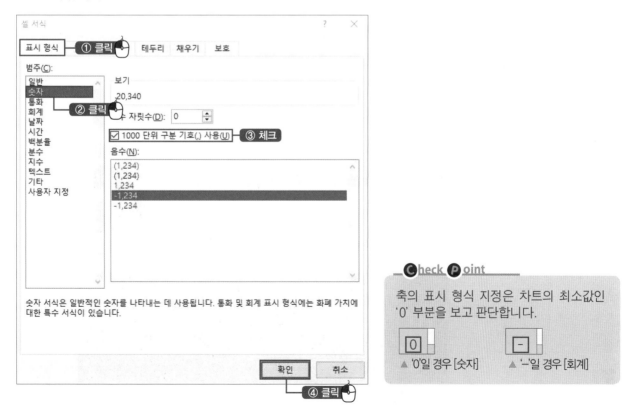

6 차트의 모양을 변경하기 위해 [차트 도구]-[디자인] 탭-[데이터] 그룹에서 [행/열 전환 🔁] 도구를 클릭하여 변경된 차트 모양을 확인한 후 데이터 입력 창의 닫기(✕) 단추를 클릭합니다.

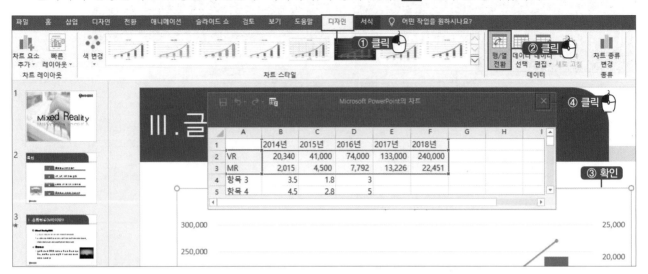

Check **P**oint

데이터 입력 창의 범위 밖에 있는 데이터는 차트에 영향을 주지 않으므로 삭제하지 않아도 됩니다.

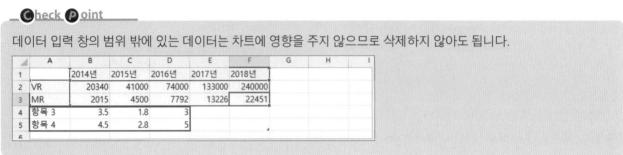

단계 2 차트 편집

1. 차트 레이아웃 변경 및 기본 서식 변경

1 차트가 선택된 상태에서 [차트 도구]-[디자인] 탭-[차트 레이아웃] 그룹-[빠른 레이아웃 📊]에서 '레이아웃 5 📊'를 선택합니다.

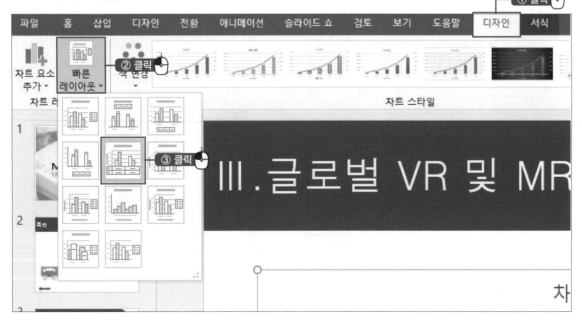

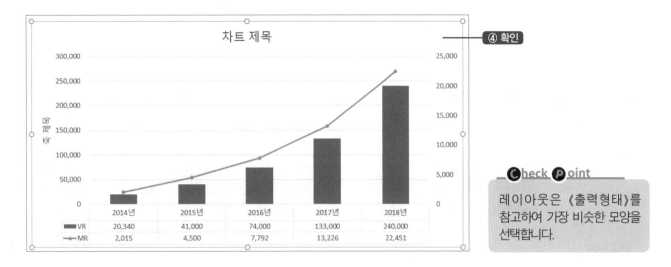

Check Point

레이아웃은 《출력형태》를
참고하여 가장 비슷한 모양을
선택합니다.

2 차트가 선택된 상태에서 차트 오른쪽의 [차트 요소 ➕] 도구를 클릭하여 차트 요소의 표시 여부를 설정할 수 있습니다. [축 제목]-[기본 세로]의 체크 표시를 해제하면 축 제목이 표시되지 않습니다.

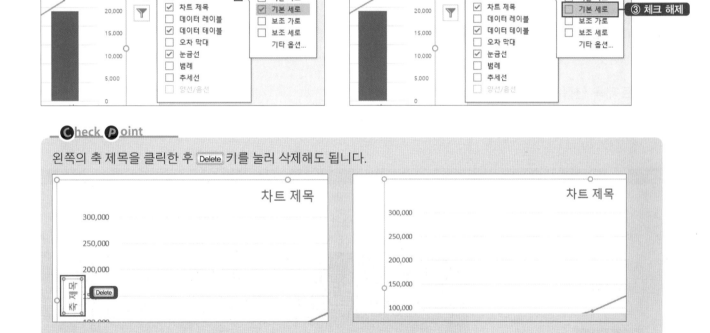

Check Point

왼쪽의 축 제목을 클릭한 후 Delete 키를 눌러 삭제해도 됩니다.

3 차트가 선택된 상태에서 [차트 요소 ➕] 도구를 클릭한 후 [눈금선]-[기본 주 가로]의 체크를 해제하여 눈금선을 표시하지 않습니다.

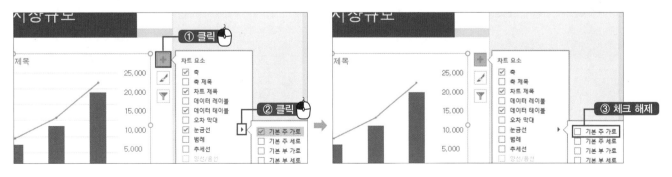

4 차트가 선택된 상태에서 [홈] 탭-[글꼴] 그룹에서 '글꼴 : 돋움', '글꼴 크기 : 16pt', '글꼴 색 : 검정, 텍스트 1'을 설정한 후 [차트 도구]-[서식] 탭-[도형 스타일] 그룹-[도형 윤곽선 ✒]에서 '검정, 텍스트 1'을 선택합니다.

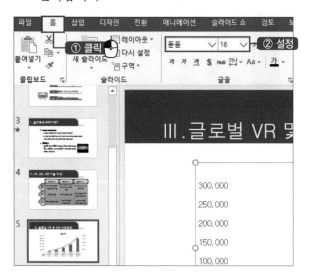
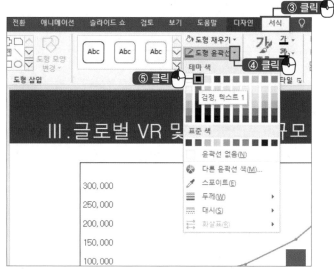

ⓒheck ⓟoint

차트 전체의 기본 글꼴을 설정한 후 제목 글꼴은 나중에 변경하는 것이 시간을 단축할 수 있습니다.

2. 차트 제목 편집

1 차트 제목을 클릭한 후 [홈] 탭에서 '글꼴 : 궁서', '글꼴 크기 : 24pt', '굵게', '글꼴 색 : 검정, 텍스트 1'을 설정합니다.

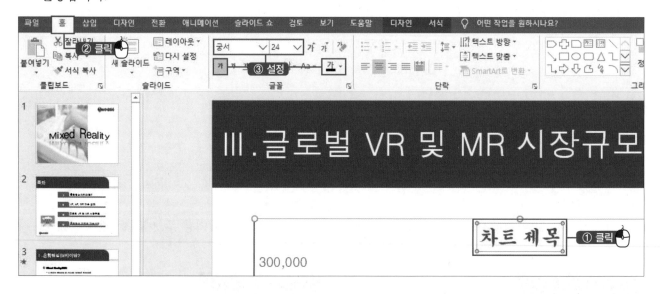

② [차트 도구]-[서식] 탭-[도형 스타일] 그룹-[도형 채우기 ▧]에서 '흰색, 배경 1'을 선택한 후 [도형 윤곽선 ▧]에서 '검정, 텍스트 1'을 선택합니다.

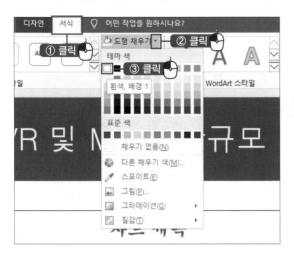 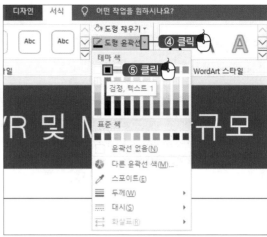

③ 다시 [차트 도구]-[서식] 탭-[도형 스타일] 그룹-[도형 효과 ▨]-[그림자]에서 '오프셋 오른쪽'을 선택한 후 기존 차트 제목을 삭제하고, 'VR 및 MR 시장규모(단위:억원)'을 입력한 후 Esc 키를 두 번 눌러 선택을 해제합니다.

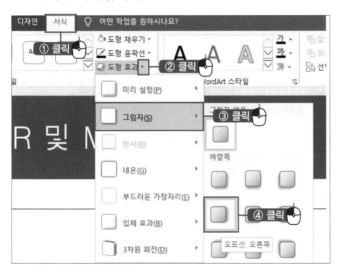 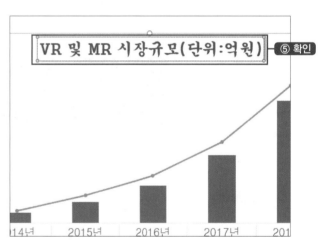

Check Point

차트 제목을 더블클릭하면 오른쪽에 [차트 제목 서식] 작업 창이 생성되며, [제목 옵션]-[효과 ▨]-[그림자]-[그림자 ▢▾]를 클릭한 후 '오프셋 오른쪽'을 선택해도 됩니다. 파워포인트 2016에서는 해당 요소를 더블클릭하면 오른쪽에 해당 요소에 대한 작업 창이 생성되며, 이곳에서 서식을 변경할 수 있습니다.

3. 차트 영역 및 그림 영역 색상 채우기

1️⃣ 차트 영역을 클릭한 후 [차트 도구]-[서식] 탭-[도형 스타일] 그룹-[도형 채우기 🖌]에서 '노랑'을 선택합니다.

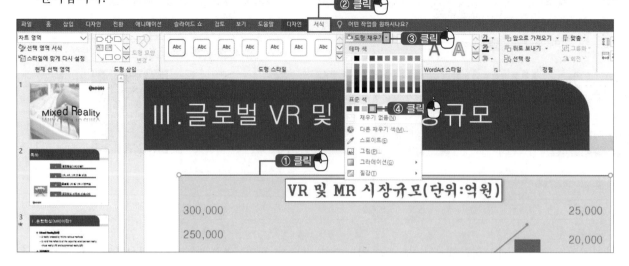

2️⃣ 그림 영역을 클릭한 후 [차트 도구]-[서식] 탭-[도형 스타일] 그룹-[도형 채우기 🖌]에서 '흰색, 배경 1'을 선택합니다.

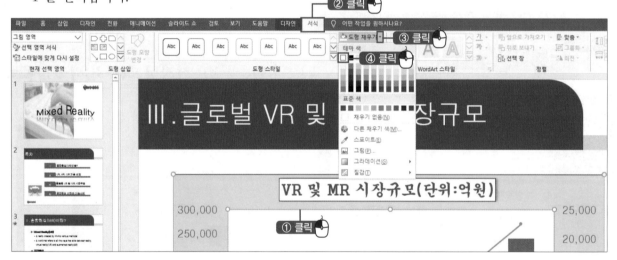

4. 세로 (값) 축 및 보조 세로 (값) 축 설정하기

1️⃣ 세로 (값) 축을 더블클릭한 후 [축 옵션]-[채우기 및 선 🖌]-[선]-[윤곽선 색 🖉▾]에서 '검정, 텍스트 1'을 선택합니다.

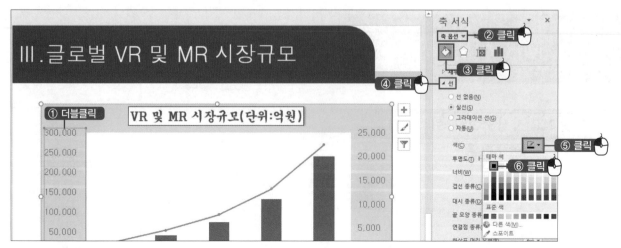

- 만약 [단계 2]–[1. 차트 레이아웃 변경 및 기본 서식 변경]의 ④번 따라하기에서 글꼴 색을 검은색(검정, 텍스트 1)으로 설정하지 않았다면, [텍스트 옵션]–[텍스트 채우기 및 윤곽선 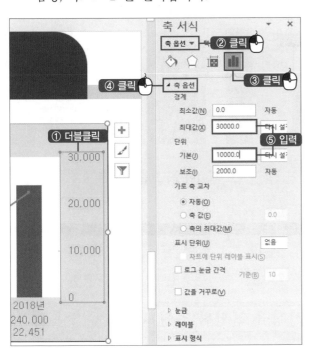]–[텍스트 채우기]–[색]–[채우기 색]에서 '검정, 텍스트 1'을 선택합니다.
- 세로 (값) 축, 보조 세로 (값) 축, 데이터 표의 글꼴 색은 해당 요소를 선택한 상태에서 [홈] 탭–[글꼴] 그룹에서 '글꼴 색 : 검정, 텍스트 1'을 선택해도 됩니다.

2 이번엔 보조 세로 (값) 축을 더블클릭한 후 [축 서식] 작업 창의 [축 옵션]–[축 옵션 ▮▮]에서 경계의 '최대값 : 30000', 단위의 '기본 : 10000'을 입력하고, [축 옵션]–[채우기 및 선 ◇]–[선]–[윤곽선 색 ✐▼]에서 '검정, 텍스트 1'을 선택합니다.

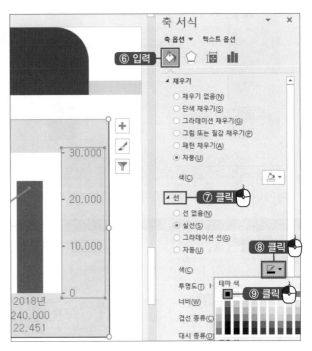

3 이번엔 데이터 표를 더블클릭한 후 [채우기 및 선 ◇]–[테두리]–[윤곽선 색 ✐▼]에서 '검정, 텍스트 1'을 선택합니다.

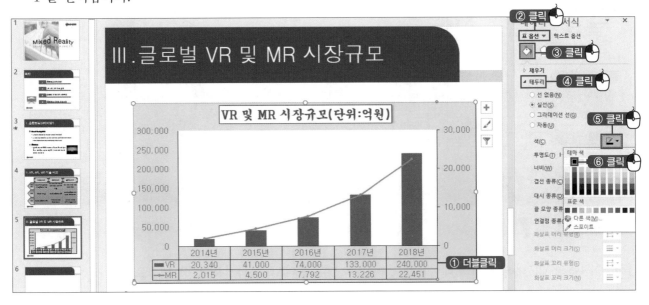

5. 값 표시 및 도형 작성하기

1 표식을 변경하기 위해서 '2018년' 계열을 선택한 후 [계열 옵션]−[채우기 및 선 ◇]−[표식]−[표식 옵션]에서 '기본제공'을 선택하고 형식에서 '사각형(■)'을 선택합니다

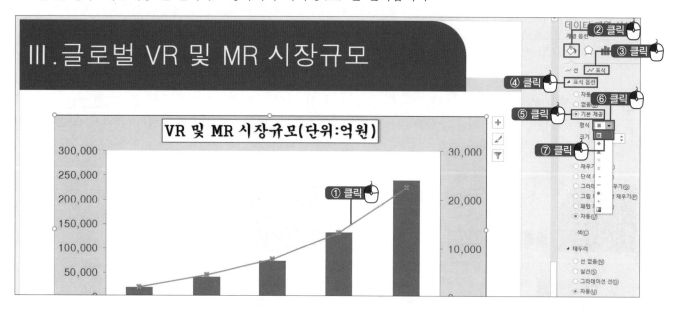

2 2018년 계열의 MR 항목만 선택한 후 [차트 도구]−[디자인] 탭−[차트 레이아웃] 그룹−[차트 요소 추가 ■]−[데이터 레이블 ■]에서 '위쪽 ◢'을 선택합니다.

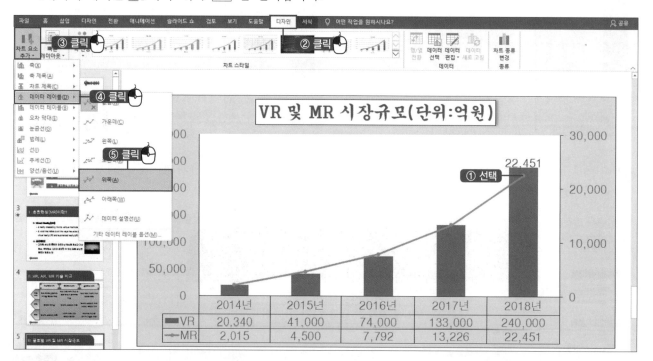

Check Point

데이터 계열 요소 중 하나를 클릭하면 같은 계열 전체가 선택되며, 다시 하나만 클릭하면 클릭한 요소 하나만 선택됩니다.

3 2018년의 MR 계열 데이터 테이블을 선택한 후 [홈] 탭의 글꼴 색에서 '검정, 텍스트 1'을 설정합니다.

4 [삽입] 탭-[일러스트레이션] 그룹-[도형 ▽]에서 '오른쪽 화살표'를 선택한 후 《출력형태》를 참고하여 그림 영역 위에 드래그하여 삽입합니다.

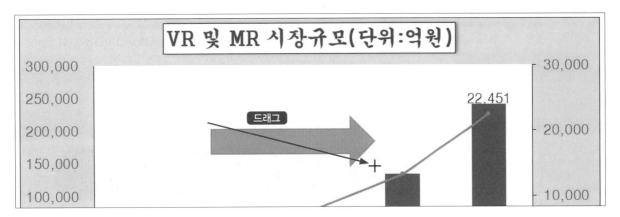

5 [그리기 도구]-[서식] 탭에서 자세히(▽)단추를 클릭한 후 테마 스타일에서 '미세효과 - 파랑, 강조 1'을 선택합니다.

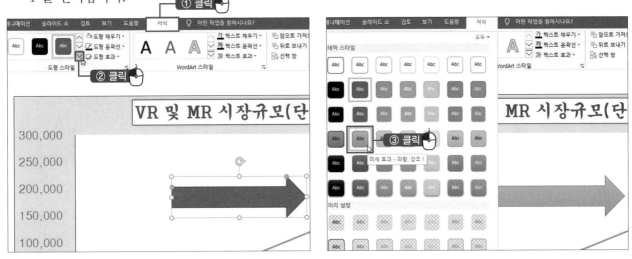

6 [홈] 탭-[글꼴] 그룹에서 '글꼴 : 굴림', '글꼴 크기 : 18pt', '글꼴 색 : 검정, 텍스트 1'을 설정한 후 '지속적 성장세'를 입력합니다.

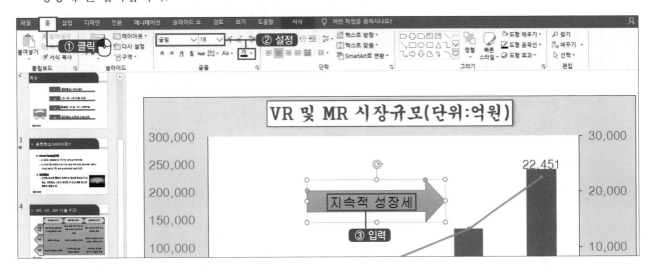

7 차트 작업이 완료되면 전체적으로 크기 및 위치 등을 다시 한번 확인하여 조절한 후 [빠른 실행] 도구 모음의 [저장 💾] 도구를 클릭하여 저장합니다.(또는 Ctrl+S 키)

실력 향상을 위한 실전 연습문제

● 예제 파일 : Section04_01(정답).pptx ● 정답 파일 : Section05_01(정답).pptx

01 다음 조건을 적용하여 슬라이드를 작성하시오.

(1) 차트작성 기능을 이용하여 슬라이드를 작성한다.
(2) 차트 : 종류(묶은 세로 막대형), 글꼴(돋움, 16pt), 외곽선

세부조건

※ 차트설명
· 차트제목 : 굴림, 24pt, 굵게, 채우기(흰색), 테두리, 그림자(오프셋 오른쪽)
· 차트영역 : 채우기(노랑)
  그림영역 : 채우기(흰색)
· 데이터 서식 : 1인 가구 비중(%)을 표식이 있는 꺾은선형으로 변경 후 보조축으로 지정
· 값 표시 : 2017년의 1인 가구(만 가구) 계열만
 	
① 도형 삽입
- 스타일 :
  미세효과 – 파랑, 강조1
- 글꼴 : 굴림, 18pt

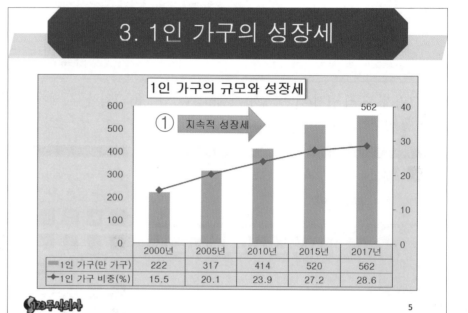

● 예제 파일 : Section04_02(정답).pptx ● 정답 파일 : Section05_02(정답).pptx

02 다음 조건을 적용하여 슬라이드를 작성하시오.

(1) 차트작성 기능을 이용하여 슬라이드를 작성한다.
(2) 차트 : 종류(묶은 세로 막대형), 글꼴(돋움, 16pt), 외곽선

세부조건

※ 차트설명
· 차트제목 : 굴림, 24pt, 굵게, 채우기(흰색), 테두리, 그림자 (오프셋 오른쪽)
· 차트영역 : 채우기(노랑)
  그림영역 : 채우기(흰색)
· 데이터 서식 : 세계평균을 표식이 있는 꺾은선형으로 변경 후 보조축으로 지정
· 값 표시 : 2100년의 우리나라 계열만
 	
① 도형 삽입
- 스타일 :
  미세효과 – 파랑, 강조1
- 글꼴 : 굴림, 18pt

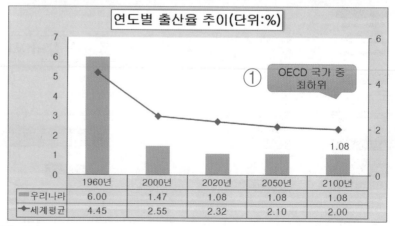

● 예제 파일 : Section04_03(정답).pptx ● 정답 파일 : Section05_03(정답).pptx

03 다음 조건을 적용하여 슬라이드를 작성하시오.

(1) 차트작성 기능을 이용하여 슬라이드를 작성한다.
(2) 차트 : 종류(묶은 세로 막대형), 글꼴(돋움, 16pt), 외곽선

세부조건

※ 차트설명
· 차트제목 : 굴림, 24pt, 굵게, 채우기(흰색),테두리, 그림자 (오프셋 오른쪽)
· 차트영역 : 채우기(노랑)
  그림영역 : 채우기(흰색)
· 데이터 서식 : 용각류 계열을 표식이 있는 꺾은선형으로 변경 후 보조축으로 지정
· 값 표시 : 보성의 조각류 계열만
· 데이터 테이블 표시

① 도형 삽입
- 스타일 :
  미세효과 – 파랑, 강조1
- 글꼴 : 굴림, 18pt

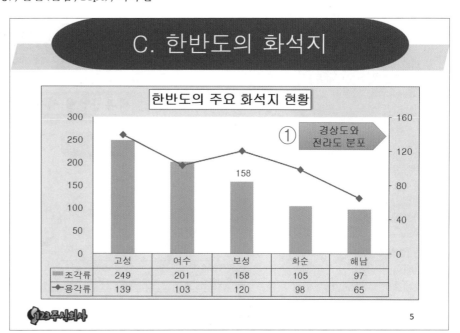

● 예제 파일 : Section04_04(정답).pptx ● 정답 파일 : Section05_04(정답).pptx

04 다음 조건을 적용하여 슬라이드를 작성하시오.

(1) 차트작성 기능을 이용하여 슬라이드를 작성한다.
(2) 차트 : 종류(묶은 세로 막대형), 글꼴(굴림, 16pt), 외곽선

세부조건

※ 차트설명
· 차트제목 : 궁서, 24pt, 굵게, 채우기(흰색), 테두리, 그림자 (오프셋 오른쪽)
· 차트영역 : 채우기(노랑)
  그림영역 : 채우기(흰색)
· 데이터 서식 : 수소차 계열을 표식이 있는 꺾은선형으로 변경 후 보조축으로 지정
· 값 표시 : 2020년의 자동차 총 등록대수(백만대) 계열만
· 데이터 테이블 표시

① 도형 삽입
- 스타일 :
  미세효과 – 파랑, 강조1
- 글꼴 : 굴림, 18pt

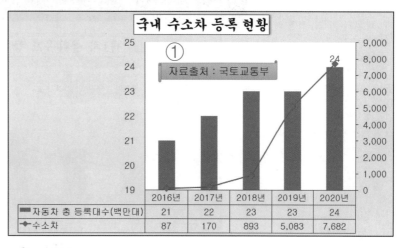

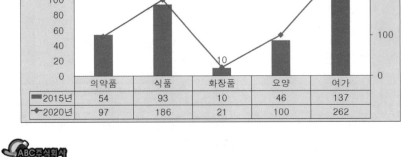

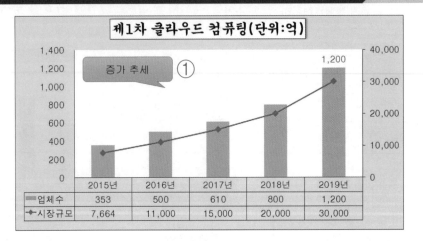

● 예제 파일 : Section04_05(정답).pptx   ● 정답 파일 : Section05_05(정답).pptx

05 다음 조건을 적용하여 슬라이드를 작성하시오.

(1) 차트작성 기능을 이용하여 슬라이드를 작성한다.
(2) 차트 : 종류(묶은 세로 막대형), 글꼴(돋움, 16pt), 외곽선

세부조건

※ 차트제목 : 궁서, 24pt, 굵게, 채우기(흰색), 테두리, 그림자(오프셋 왼쪽)
· 차트영역 : 채우기(노랑)
　그림영역 : 채우기(흰색)
· 데이터 서식 : 2020년 계열을 표식이 있는 꺾은선형으로 변경 후 보조축으로 지정
· 값 표시 : 화장품의 2015년 계열만
· 데이터 테이블 표시

① 도형 삽입
- 스타일 :
　미세효과 – 파랑, 강조1
- 글꼴 : 굴림, 18pt

iii. 국내 욜드 산업 시장 규모

세부산업별 시장규모 전망

단위:천억원 ①

	의약품	식품	화장품	요양	여가
2015년	54	93	10	46	137
2020년	97	186	21	100	262

ABC주식회사   5

● 예제 파일 : Section04_06(정답).pptx   ● 정답 파일 : Section05_06(정답).pptx

06 다음 조건을 적용하여 슬라이드를 작성하시오.

(1) 차트작성 기능을 이용하여 슬라이드를 작성한다.
(2) 차트 : 종류(묶은 세로 막대형), 글꼴(돋움, 16pt), 외곽선

세부조건

※ 차트제목 : 궁서, 24pt, 굵게, 채우기(흰색), 테두리, 그림자 (오프셋 오른쪽)
· 차트영역 : 채우기(노랑)
　그림영역 : 채우기(흰색)
· 데이터 서식 : 시장규모 계열을 표식이 있는 꺾은선형으로 변경 후 보조축으로 지정
· 값 표시 : 2019년의 업체수 계열만

① 도형 삽입
- 스타일 :
　미세효과 – 파랑, 강조1
- 글꼴 : 굴림, 18pt

111. 클라우드 컴퓨팅 발전 현황

제1차 클라우드 컴퓨팅(단위:억)

증가 추세 ①   1,200

	2015년	2016년	2017년	2018년	2019년
업체수	353	500	610	800	1,200
시장규모	7,664	11,000	15,000	20,000	30,000

123주식회사   5

[슬라이드 6] 도형 슬라이드

배점 **100** 점

여러 가지 도형과 스마트아트로 두 그룹의 도형을 작성하고 애니메이션을 지정한 후 애니메이션의 순서를 지정합니다.

[슬라이드 6] 도형 슬라이드

(1) 슬라이드와 같이 도형 및 스마트아트를 배치한다(글꼴 : 굴림, 18pt).

(2) 애니메이션 순서 : ① ⇒ ②

세부조건

① 도형 및 스마트아트 편집
- 스마트아트 디자인 : 3차원 광택처리, 3차원 만화
- 그룹화 후 애니메이션 효과 : 닦아내기(위에서)

② 도형 편집
그룹화 후 애니메이션 효과 : 나타내기(바운드)

Ⅳ.혼합현실 이해와 기술사례

증강현실

현실　가상현실

AR장점　혼합현실　VR장점

활용분야

항공　교육　제조　게임　영상

MR기술 적용 사례

한국　광주 유니버시아드
평창올림픽 공연

NASA　우주인 교육

코넬대　암 연구에 도입
자동차 설계

123주식회사　①　②　6

핵심 체크

1. 도형 작성 : 여러 가지 도형과 스마트아트로 도형을 작성한 후 그룹화

2. 애니메이션 작업 : 두 그룹의 도형에 애니메이션을 지정하고 실행 순서 지정

※ 도형의 작성 방법은 도형을 먼저 작성한 후 내용을 입력하는 방법과 도형을 작성하면서 내용을 입력하는 방법이 있지만 겹쳐 있는 도형의 작성 순서는 뒤에 있는 도형부터 작성합니다.

※ 작성 순서
도형 작성(도형, SmartArt 등) → 그룹화 → 사용자 애니메이션 효과 지정

1 여섯 번째 슬라이드를 선택한 후 슬라이드 상단 제목에 'IV.혼합현실 이해와 기술사례'를 입력하고 내용 상자를 선택한 후 Delete 키를 눌러 삭제합니다.

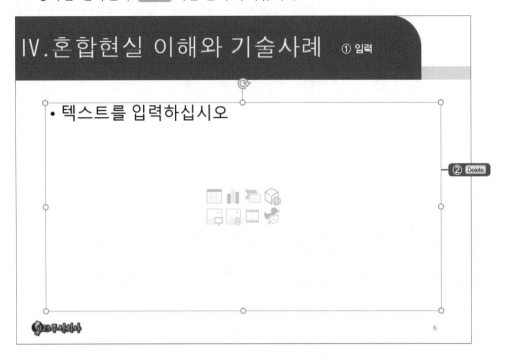

내용 상자 안의 [SmartArt 그래픽 삽입 🖼] 아이콘을 클릭하여 스마트아트를 삽입하면 나중에 도형과 그룹화할 수 없게 됩니다.

2 [삽입] 탭-[일러스트레이션] 그룹-[도형 ▽]에서 '한쪽 모서리가 둥근 사각형'을 선택한 후 드래그하여 삽입합니다. 삽입 후 조절점(○)으로 조절하여《출력형태》처럼 만듭니다.

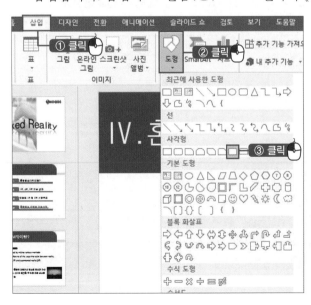

3 도형이 선택된 상태에서 [그리기 도구]-[서식] 탭-[도형 스타일] 그룹-[도형 채우기 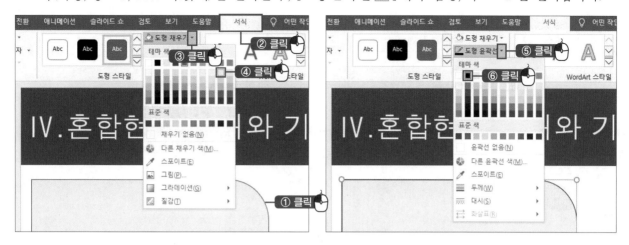]에서 임의의 색(파랑, 강조 5, 80% 더 밝게)을 선택한 후, [도형 윤곽선 ✐]에서 '검정, 텍스트 1'을 선택합니다.

Ⓒheck Ⓟoint

도형의 두께는 지시사항에 없으므로 채점 대상이 아니지만 그동안의 기출문제를 분석해보면 일반적으로 얇은 테두리는 1/4pt, 두꺼운 선(특히 파선)은 2¼pt로 설정하고, 그 외는 출력형태를 보고 판단하면 됩니다.

4 도형이 선택된 상태에서 [홈] 탭-[글꼴] 그룹에서 '글꼴 : 굴림', '글꼴 크기 : 18pt', '글꼴 색 : 검정, 텍스트 1'을 설정합니다. 모든 설정이 끝나면 도형 위에서 마우스 오른쪽 버튼을 눌러 바로가기 메뉴에서 [기본 도형으로 설정]을 클릭합니다.

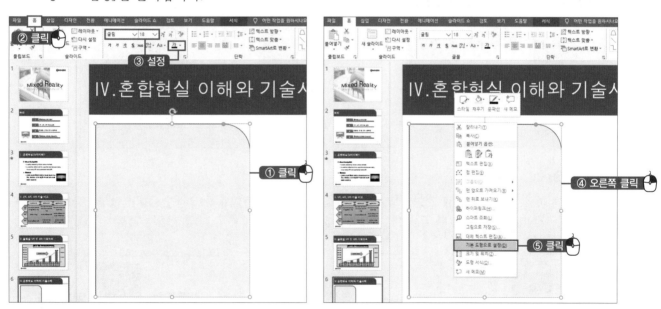

Ⓒheck Ⓟoint

기본 도형으로 설정한 도형 다음에 작업하는 도형들은 모두 기본 도형으로 작성한 도형의 테두리 윤곽선의 색과 두께 및 글꼴(크기, 색상 포함)이 적용되므로 작성 시간을 단축시킬 수 있습니다. 다만, '텍스트 상자'와 '스마트아트'는 기본 도형 서식이 적용되지 않으며, 《출력형태》와 다른 지시사항은 별도로 설정합니다.

5 [삽입] 탭-[일러스트레이션] 그룹-[SmartArt 📄] 도구를 클릭한 후 [SmartArt 그래픽 선택] 대화상자에서 '관계형 : 수렴 방사형'을 선택하고 [확인] 단추를 클릭합니다.

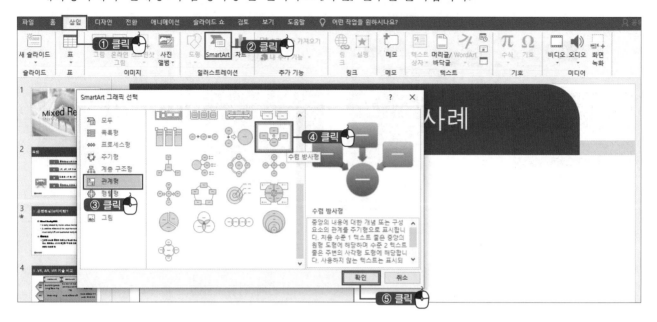

6 내용을 입력한 후 스마트아트가 선택된 상태에서 [홈] 탭-[글꼴] 그룹에서 '글꼴 : 굴림', '글꼴 크기 : 18pt'를 설정하고 《출력형태》를 참고하여 크기와 위치를 조절합니다.

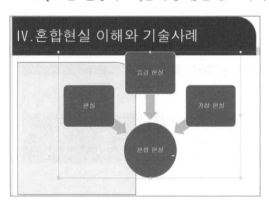 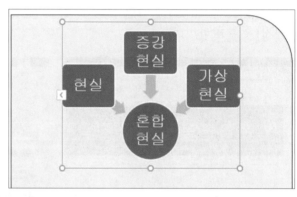

Check Point

'증강'을 입력하고 Enter 키로 강제 개행한 후 '현실'을 입력하고 스마트아트의 크기를 줄이면 《출력형태》보다 줄간격이 벌어지며, Shift + Enter 키를 이용하면 줄간격이 좁게 강제 개행됩니다('증강 현실'처럼 글자 사이에 빈칸이 있는 경우와 같은 결과)

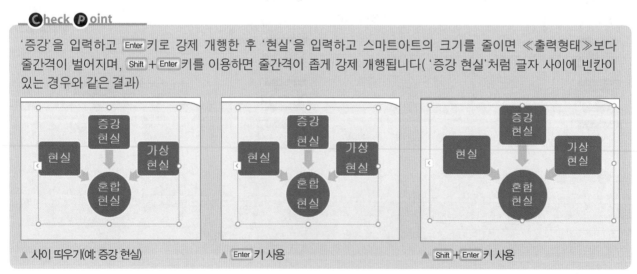

▲ 사이 띄우기(예: 증강 현실)　　　▲ Enter 키 사용　　　▲ Shift + Enter 키 사용

7 스마트아트가 선택된 상태에서 [SmartArt 도구] - [디자인] 탭 - [SmartArt 스타일] 그룹의 자세히 (▽) 단추를 클릭한 후 '3차원 : 광택 처리'를 선택합니다. Esc 키를 눌러 선택을 해제합니다.

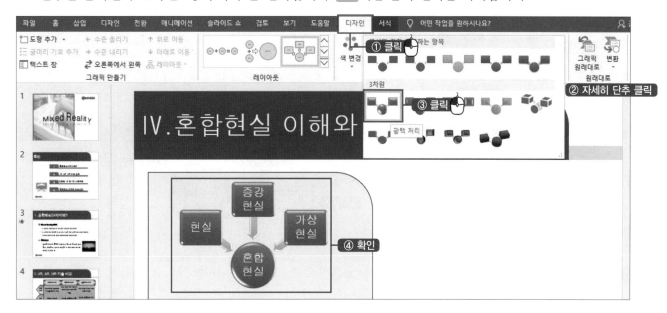

Check Point

시험지에는 컬러가 보이지 않지만 미세하게 구분되는 경우도 있습니다. 이 경우 채점 대상은 아니지만 스마트아트에 서로 다른 색을 설정할 수 있는데, [SmartArt 도구] - [디자인] 탭 - [색 변경]에서 색상을 설정해도 됩니다.

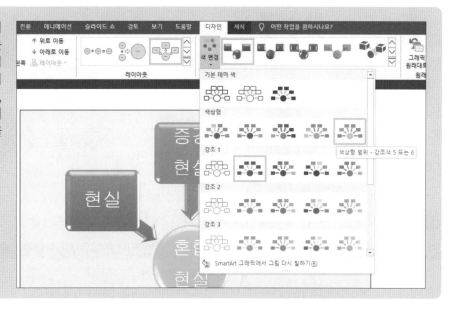

8 [삽입] 탭 - [일러스트레이션] 그룹 - [도형 ▱]에서 '블록 화살표 : 오른쪽 화살표'를 선택한 후 드래그하여 삽입합니다.

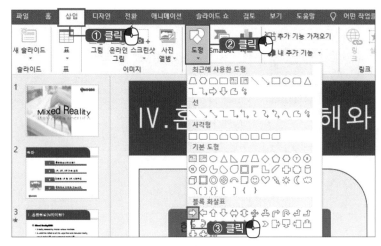

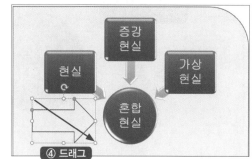

9 오른쪽 화살표가 선택된 상태에서 [그리기 도구]-[서식] 탭-[도형 스타일] 그룹-[도형 채우기 ⬧] 에서 임의의 색(주황, 강조 2, 80% 더 밝게)을 설정한 후 'AR장점'을 입력합니다.

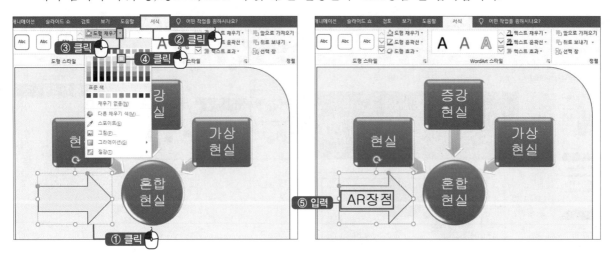

10 'AR장점' 도형을 [Ctrl]+[Shift] 키를 누르면서 오른쪽으로 드래그하여 복사한 후 내용을 'VR장점'으로 수정합니다.

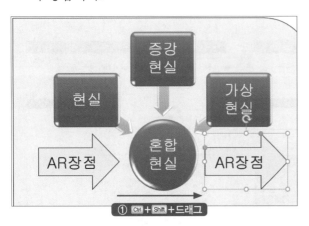 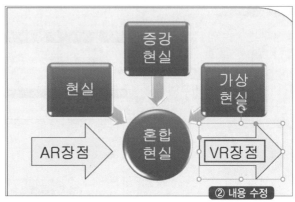

11 그리기 도구]-[서식] 탭-[정렬] 그룹-[회전 ⬧]-[좌우 대칭 ⬧]을 선택하여 도형을 회전시킵니다.

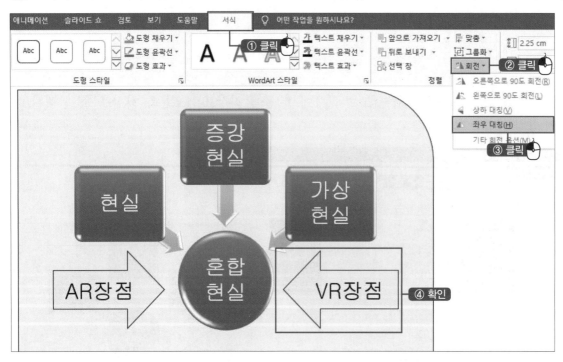

⓬ [삽입] 탭-[일러스트레이션] 그룹-[도형 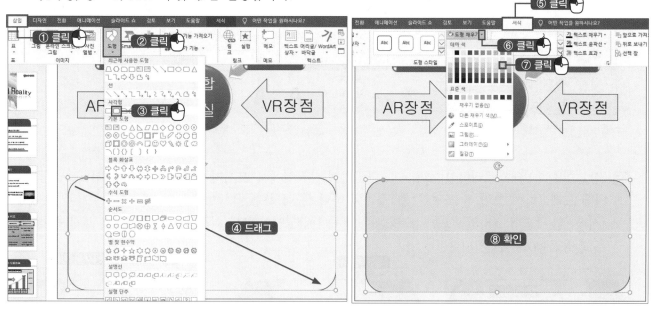]의 사각형에서 '모서리가 둥근 사각형'을 선택하고 드래그하여 삽입한 후 [그리기 도구]-[서식] 탭-[도형 스타일] 그룹-[도형 채우기]에서 임의의 색(파랑, 강조 5, 60% 더 밝게)을 설정합니다.

⓭ [그리기 도구]-[서식] 탭-[도형 스타일] 그룹-[도형 윤곽선 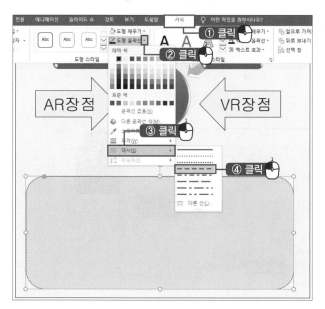]-[대시]에서 '파선'을 선택한 후 [두께]에서 '2¼pt'를 선택합니다.

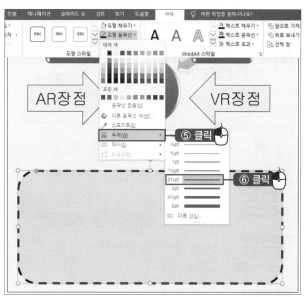

⓮ [삽입] 탭-[일러스트레이션] 그룹-[도형 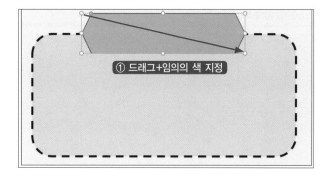] 에서 '기본 도형 : 육각형'을 선택한 후 드래그하여 삽입하고, [그리기 도구]-[서식] 탭-[도형 스타일] 그룹-[도형 채우기]에서 임의의 색(연한 녹색)을 설정합니다.

도형 작업을 한 후에는 [그리기 도구]-[서식] 탭-[도형 삽입] 그룹에 이전에 사용했던 도형들이 표시되며, 자세히(▼) 단추를 클릭하면 다른 도형을 선택할 수 있으므로, [삽입] 탭-[일러스트레이션] 그룹-[도형 ⬠] 도구를 이용하지 않아도 됩니다.

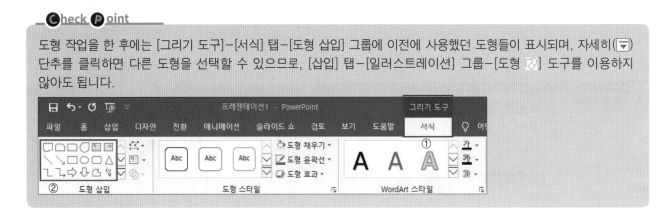

🔢 [삽입] 탭-[일러스트레이션] 그룹-[도형 ⬠]의 사각형에서 '모서리가 둥근 사각형'을 선택하고 육각형 안에 드래그하여 그린 후 조절점(⬤)을 이용하여 《출력형태》처럼 모양을 변경합니다. [그리기 도구]-[서식] 탭-[도형 스타일] 그룹-[도형 채우기 ⬢]에서 임의의 색(회색, 강조 3, 60% 더 밝게)을 설정한 후 '활용분야'를 입력합니다.

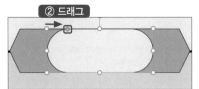
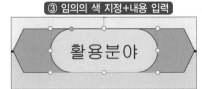

🔢 [삽입] 탭-[일러스트레이션] 그룹-[SmartArt 🖼] 도구를 클릭한 후 [SmartArt 그래픽 선택] 대화상자에서 '관계형 : 선형 벤형'을 선택하고 [확인] 단추를 클릭합니다.

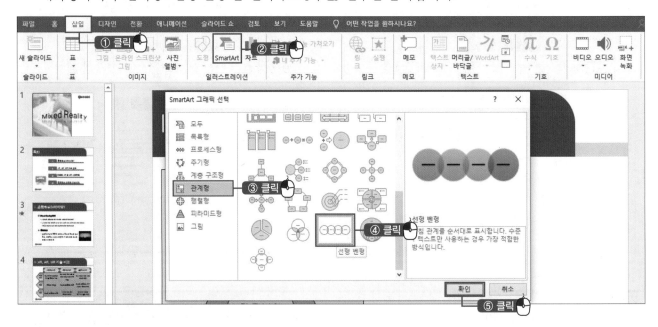

17 도형을 하나 더 추가하기 위해 [SmartArt 도구]-[디자인] 탭-[도형 추가 ⬚]-[뒤에 도형 추가 ⬚]를 클릭합니다.

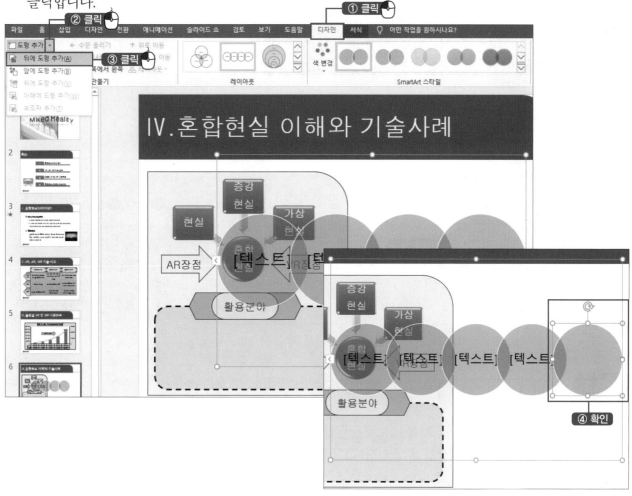

18 스마트아트가 선택된 상태에서 [SmartArt 도구]-[디자인] 탭-[[SmartArt 스타일] 그룹의 자세히(▼) 단추를 클릭한 후 '3차원 : 만화'를 선택합니다.

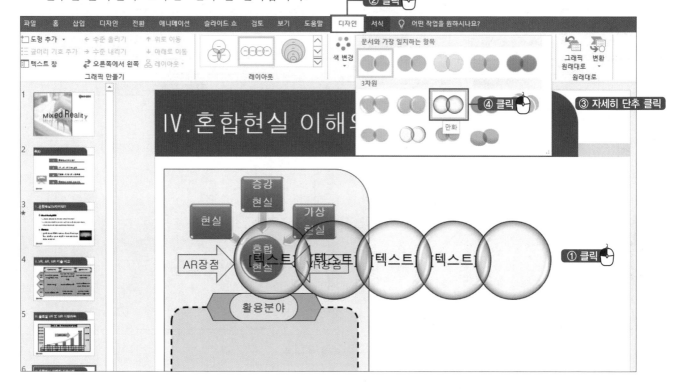

⓳ 내용을 입력한 후 스마트아트가 선택된 상태에서 [홈] 탭-[글꼴] 그룹에서 '글꼴 : 굴림', '글꼴 크기 : 18pt'를 설정하고《출력형태》를 참고하여 크기와 위치를 조절합니다.

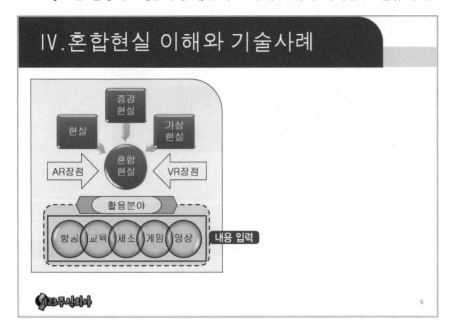

Check Point

스마트아트에 '임의의 색'을 설정히거나 '색 변형'을 설정하는 여부는 채점대상이 아니지만 다른 도형과 구분할 수 있도록 설정해도 됩니다.

두 번째 도형 그룹 작성

❶ [삽입] 탭-[일러스트레이션] 그룹-[도형 ▽]의 사각형에서 ' 한쪽 모서리가 둥근 사각형 □ '을 선택한 후 드래그하여 삽입합니다. 삽입 후 조절점(○)으로 조절하여《출력형태》처럼 만듭니다.

❷ 도형이 선택된 상태에서 [그리기 도구]-[서식] 탭-[정렬] 그룹-[회전 ⬆]에서 '상하 대칭 ◀ ','좌우 대칭 ⬚ ' 순서로 클릭한 후 [도형 스타일] 그룹-[도형 채우기 ◇]에서 임의의 색(파랑, 강조 5, 60% 더 밝게)을 설정합니다.

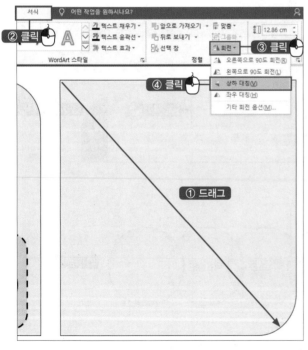

▲ 상하 대칭

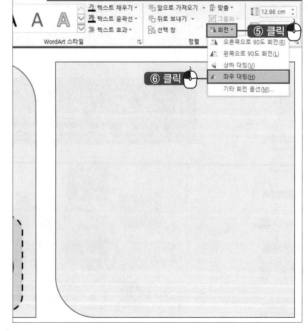

▲ 좌우 대칭

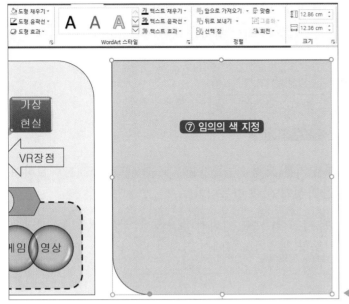

◀ 임의의 색 지정

Check **P**oint

첫 번째 그룹의 도형과 두 번째 그룹의 도형이
같은 도형(한쪽 모서리가 둥근 사각형 ☐)이면
`Ctrl` + `Shift` 키를 누른 상태에서 드래그하여
복사한 후 회전하여 사용해도 됩니다.

3 [삽입] 탭-[일러스트레이션] 그룹-[도형 ▽] '블록 화살표 : 왼쪽/오른쪽/위쪽 화살표 ⬍'를 선택한 후 드래그하여 삽입합니다. 다음 그림의 조절점(●)을 왼쪽으로 드래그하여 《출력형태》처럼 변형한 후 'MR기술 적용 사례'를 입력합니다.

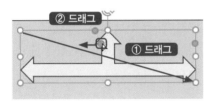
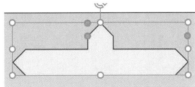

4 [삽입] 탭-[일러스트레이션] 그룹-[도형 ▽] '블록 화살표 : 오른쪽 화살표 설명선 ⬄'을 선택한 후 드래그하여 삽입합니다. 다음 그림처럼 조절점(●)을 드래그하여 《출력형태》처럼 변형하고 임의의 색(회색, 강조 3, 80% 더 밝게)을 설정한 후 '한국'을 입력합니다.

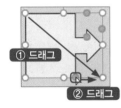

5 [삽입] 탭-[일러스트레이션] 그룹-[도형 ▽] '기본 도형 : 정육면체 ⬨'를 선택한 후 드래그하여 삽입합니다. 임의의 색(황금색, 강조 4, 60% 더 밝게)을 설정하고 '광주 유니버시아드'를 입력한 후 `Ctrl` + `Shift` 키를 누르면서 아래로 드래그하여 복사합니다.

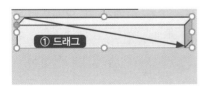

6 [그리기 도구]–[서식] 탭–[정렬] 그룹에서 '뒤로 보내기 🔳'를 클릭한 후 [회전 🔺]–[좌우 대칭 ◢]을 클릭하고, '평창올림픽 공연'으로 내용을 수정한 후《출력형태》처럼 위치를 이동시킵니다.

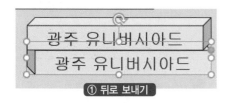
① 뒤로 보내기

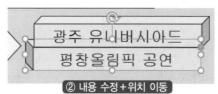
② 내용 수정+위치 이동

7 [삽입] 탭–[일러스트레이션] 그룹–[도형 ▽]에서 '기본 도형 : 눈물방울 ◯'을 선택한 후 드래그하여 삽입합니다. 삽입 후 조절점(◯)으로 조절하여《출력형태》처럼 만듭니다.

8 도형이 선택된 상태에서 [그리기 도구]–[서식] 탭–[정렬] 그룹–[회전 🔺]에서 '상하 대칭 ◀ ', '좌우 대칭 ◢ '순서로 클릭한 후 [도형 스타일] 그룹–[도형 채우기 🎨]에서 임의의 색(파랑, 강조 1, 60% 더 밝게)을 설정합니다.

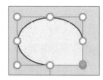
▲ 상하 대칭

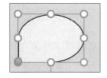
▲ 좌우 대칭

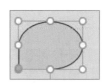
▲ 임의의 색 지정

9 [삽입] 탭–[일러스트레이션] 그룹–[도형 ▽]에서 '기본 도형 : 텍스트 상자 🔲'를 선택한 후 드래그하여 삽입합니다. 'NASA'를 입력한 후 [홈] 탭–[글꼴] 그룹에서 '글꼴 : 굴림', '글꼴 크기 : 18pt'를 설정하고, 눈물 방울 도형 안으로 이동시킵니다.

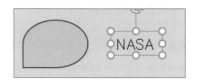
▲ 텍스트 상자에 내용 입력 및 글꼴 지정

▲ 눈물 방울 도형 안에 위치 이동

10 [삽입] 탭–[일러스트레이션] 그룹–[도형 ▽]의 사각형에서 '한쪽 모서리는 잘리고 다른쪽 모서리는 둥근 사각형 ◻' 도형을 선택한 후 드래그하여 도형을 삽입합니다. [도형 스타일] 그룹–[도형 채우기 🎨]에서 임의의 색(황금색, 강조 4, 60% 더 밝게)을 설정한 후 '우주인 교육'을 입력합니다.

① 드래그

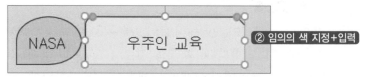
② 임의의 색 지정+입력

11 [삽입] 탭–[일러스트레이션] 그룹–[도형 ▽]의 순서도에서 '순서도: 문서 ◻ '를 선택한 후 드래그하여 삽입합니다. 도형 상단에 마우스 포인터가 (◓)모양일 때 드래그하여《출력형태》처럼 회전시킨 후 [도형 스타일] 그룹–[도형 채우기 🎨]에서 임의의 색(밝은 회색, 배경 23, 25% 더 어둡게)을 설정하고 '코넬대'를 입력합니다.

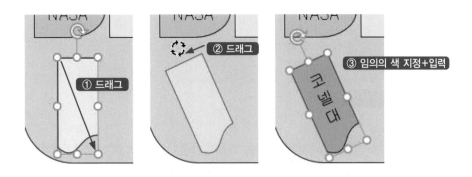

12. [삽입] 탭-[일러스트레이션] 그룹-[도형 ⬦]의 사각형에서 '한쪽 모서리가 둥근 사각형 ☐'을 선택한 후 드래그하여 삽입합니다.

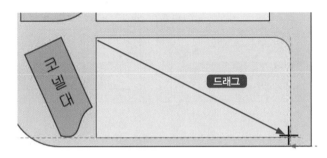

13. [삽입] 탭-[일러스트레이션] 그룹-[도형 ⬦]의 순서도에서 '순서도: 저장 데이터'를 선택한 후 드래그하여 도형을 삽입합니다. 임의의 색(주황, 강조 2, 60% 더 밝게)을 설정한 후 '암 연구에 도입'을 입력합니다.

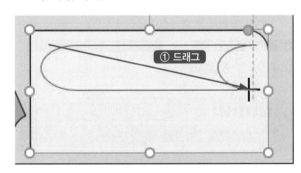 

14. '암 연구에 도입' 도형을 Ctrl+Shift 키를 이용하여 아래로 복사한 후 [그리기 도구]-[서식] 탭-[정렬] 그룹-[회전 ⬛]에서 '좌우 대칭 ◭'을 클릭합니다. 임의의 색(주황, 강조 2)을 설정한 후 '자동차 설계'로 내용을 수정합니다.

15 [삽입] 탭-[일러스트레이션] 그룹-[도형 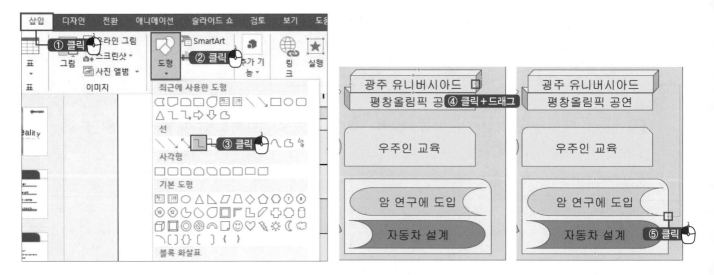]의 선에서 '꺾인 연결선'을 선택하고 '광주 유니버시아드' 도형의 오른쪽에서 시작점을 클릭하고 마우스를 누른 상태에서 하단의 '한쪽 모서리가 둥근 사각형'의 오른쪽에서 끝 점을 클릭합니다.

ⒸheckⒹoint

두 도형 간을 연결선으로 연결할 때, 시작 점을 클릭만 하면 연결선이 작성되지 않으므로 반드시 시작 점을 클릭하면서 드래그하여 끝 점을 클릭해야 합니다.

16 [그리기 도구]-[서식] 탭-[도형 스타일] 그룹-[도형 윤곽선]-[화살표]에서 '화살표 스타일 11 '을 선택한 후 '두께 '에서 '1½pt'를 선택하고 '검정, 텍스트 1'을 설정합니다.

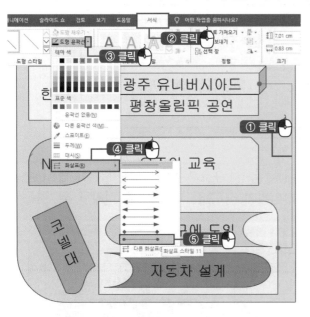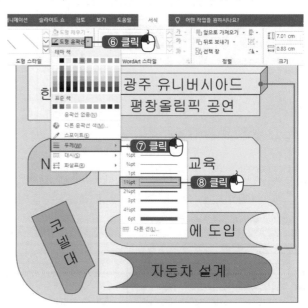

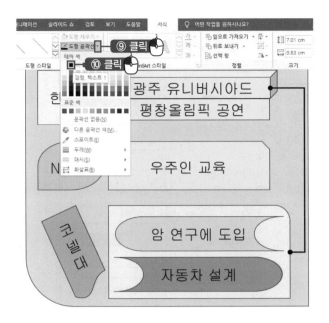

단계 3 · 애니메이션 설정

1 첫 번째 그룹의 도형을 그룹화하기 위해 그림과 같이 드래그하여 범위 지정한 후 바로가기 메뉴에서 [그룹화]-[그룹]을 클릭합니다.

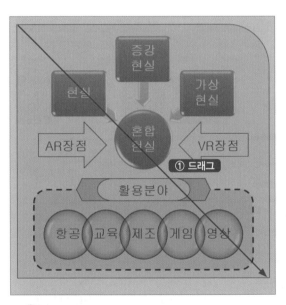

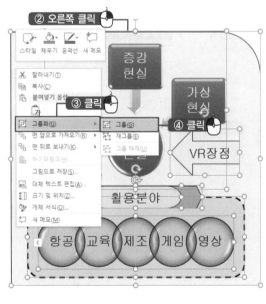

Check Point

도형을 선택한 후 [그리기 도구]-[서식] 탭-[정렬] 그룹-[그룹화 🔲]-[그룹 🔲]을 선택하여 그룹화해도 됩니다.

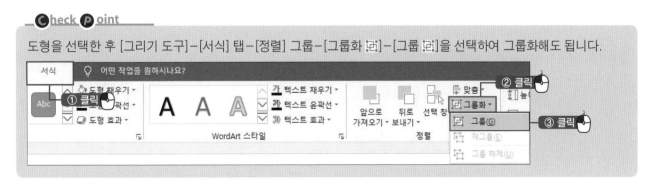

2 두 번째 그룹의 도형을 그룹화하기 위해 그림과 같이 드래그하여 범위 지정한 후 바로가기 메뉴에서 [그룹화]-[그룹]을 클릭합니다.

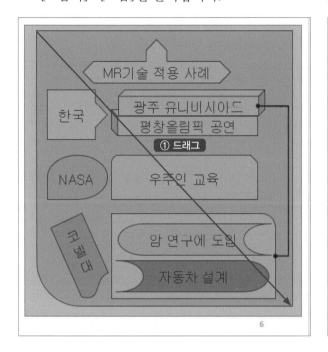 

3 그룹화된 첫 번째 그룹을 선택하고 [애니메이션] 탭-[애니메이션] 그룹에서 자세히(▼) 단추를 클릭한 후 '나타내기 : 닦아내기'를 선택합니다. 다시 [효과 옵션↓] 도구를 클릭한 후 '위에서'를 선택합니다.

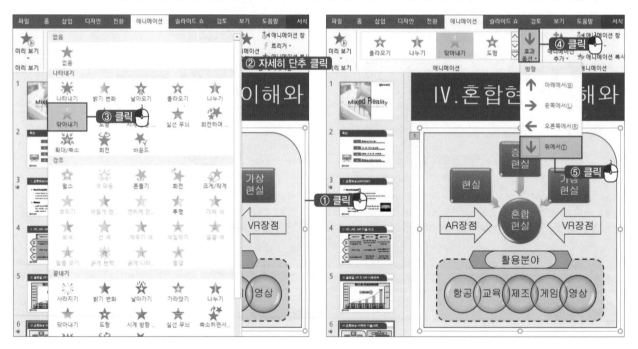

4 그룹화된 두 번째 그룹을 선택하고 [애니메이션] 탭-[애니메이션] 그룹에서 자세히(▼)단추를 클릭한 후 '나타내기 : 바운드'를 선택합니다.

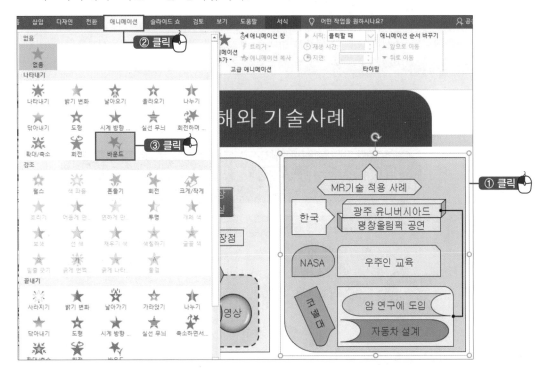

ⓒheck ⓟoint

[애니메이션] 탭-[미리 보기] 그룹의 [미리 보기 ★]를 클릭하면 설정한 애니메이션을 확인할 수 있으며, [타이밍] 그룹의 '애니메이션 순서 바꾸기'에서 애니메이션 순서를 바꿀 수도 있습니다.

● 예제 파일 : Section05_01(정답).pptx ● 정답 파일 : Section06_01(정답).pptx

01 다음 조건을 적용하여 슬라이드를 작성하시오.

(1) 슬라이드와 같이 도형 및 스마트아트를 배치한다(글꼴 : 돋움, 18pt).
(2) 애니메이션 순서 : ① ⇒ ②

세부조건

① 도형 및 스마트아트 편집
- 스마트아트 디자인 : 3차원
  경사, 3차원 만화
- 그룹화 후 애니메이션 효과 :
  날아오기(왼쪽에서)

② 도형 편집
그룹화 후 애니메이션 효과 :
회전

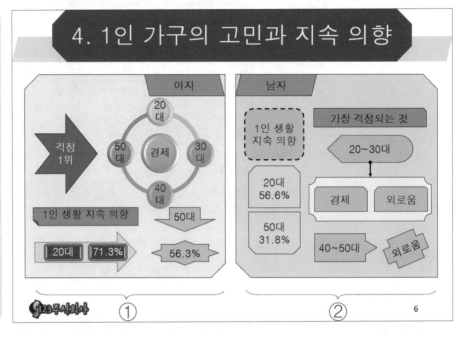

● 예제 파일 : Section05_02(정답).pptx ● 정답 파일 : Section06_02(정답).pptx

02 다음 조건을 적용하여 슬라이드를 작성하시오.

(1) 슬라이드와 같이 도형 및 스마트아트를 배치한다(글꼴 : 돋움, 18pt).
(2) 애니메이션 순서 : ① ⇒ ②

세부조건

① 도형 및 스마트아트 편집
스마트아트 디자인 : 3차원 만화,
3차원 벽돌
- 그룹화 후 애니메이션 효과 :
  시계 방향 회전

② 도형 편집
그룹화 후 애니메이션 효과 :
바운드

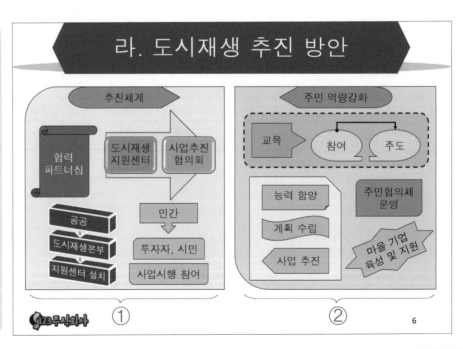

● 예제 파일 : Section05_03(정답).pptx   ● 정답 파일 : Section06_03(정답).pptx

03 다음 조건을 적용하여 슬라이드를 작성하시오.

(1) 슬라이드와 같이 도형 및 스마트아트를 배치한다(글꼴 : 굴림, 18pt).
(2) 애니메이션 순서 : ①⇒②

세부조건

① 도형 및 스마트아트 편집
- 스마트아트 디자인 : 3차원 만화, 3차원 경사
- 그룹화 후 애니메이션 효과 : 닦아내기(위에서)

② 도형 편집
그룹화 후 애니메이션 효과: 시계 방향 회전

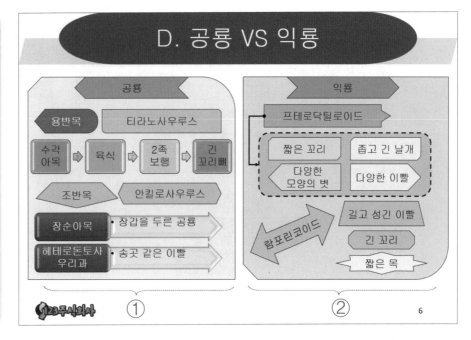

● 예제 파일 : Section05_04(정답).pptx   ● 정답 파일 : Section06_04(정답).pptx

04 다음 조건을 적용하여 슬라이드를 작성하시오.

(1) 슬라이드와 같이 도형 및 스마트아트를 배치한다(글꼴 : 돋움, 18pt).
(2) 애니메이션 순서 : ① ⇒ ②

세부조건

① 도형 및 스마트아트 편집
- 스마트아트 디자인 : 3차원 만화, 강한 효과
- 그룹화 후 애니메이션 효과 : 나누기(세로 바깥쪽으로)

② 도형 편집
- 그룹화 후 애니메이션 효과 : 나타내기

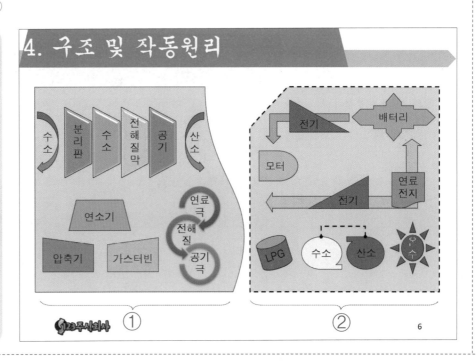

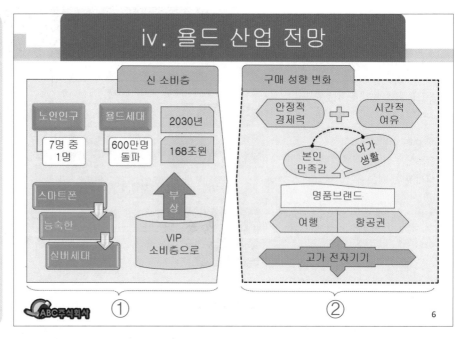

Level Upgrade 실력 향상을 위한 실전 연습문제

● 예제 파일 : Section05_05(정답).pptx   ● 정답 파일 : Section06_05(정답).pptx

05 다음 조건을 적용하여 슬라이드를 작성하시오.

(1) 슬라이드와 같이 도형 및 스마트아트를 배치한다(글꼴 : 굴림, 18pt).
(2) 애니메이션 순서 : ① ⇒ ②

세부조건

① 도형 및 스마트아트 편집
- 스마트아트 디자인 : 3차원 파우더, 3차원 만화
- 그룹화후 애니메이션 효과 : 도형(안쪽)

② 도형 편집
- 그룹화 후 애니메이션 효과 : 나누기(세로 안쪽으로)

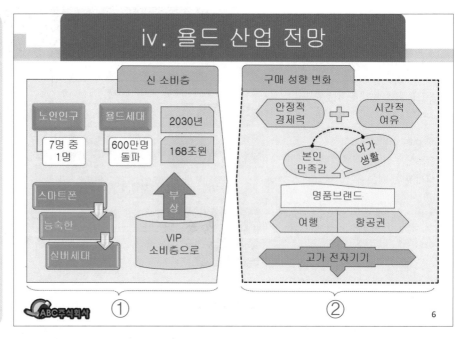

● 예제 파일 : Section05_06(정답).pptx   ● 정답 파일 : Section06_06(정답).pptx

06 다음 조건을 적용하여 슬라이드를 작성하시오.

(1) 슬라이드와 같이 도형 및 스마트아트를 배치한다(글꼴 : 굴림, 18pt).
(2) 애니메이션 순서 : ① ⇒ ②

세부조건

① 도형 및 스마트아트 편집
- 스마트아트 디자인 : 3차원 경사, 3차원 광택 처리
- 그룹화 후 애니메이션 효과 : 시계 방향 회전

② 도형 편집
- 그룹화 후 애니메이션 효과 : 바운드

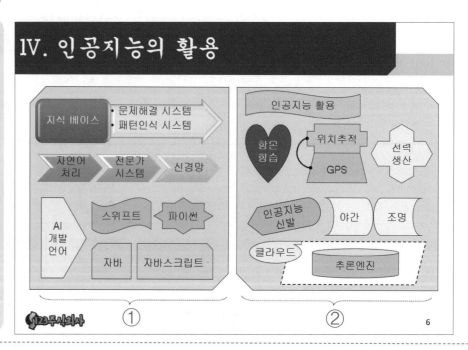

PART 2

기출유형 모의고사

Part 1에서 배운 시험에 나오는 파워포인트 기능을 토대로 시험에 출제되는
다양한 기능과 형태를 익혀 어떠한 문제가 출제되더라도
해결할 수 있도록 학습효과를 높입니다.

※정답 파일과 동영상 강의는 [자료실]에서 다운로드하세요.

기출유형 모의고사

| 무료 동영상 |

과목	코드	문제유형	시험시간	수험번호	성 명
파워포인트	1142	A	60분	10687001	

수 험 자 유 의 사 항

◎ 수험자는 문제지를 받는 즉시 문제지와 **수험표상의 시험과목(프로그램)이 동일한지 반드시 확인**하여야 합니다.

◎ 파일명은 본인의 "수험번호-성명"으로 입력하여 답안폴더(내 PC\문서\ITQ)에 하나의 파일로 저장해야 하며, 답안문서 파일명이 "수험번호-성명"과 일치하지 않거나, 답안파일을 전송하지 않아 미제출로 처리될 경우 실격 처리합니다 (예 : 12345678-홍길동.pptx).

◎ 답안 작성을 마치면 파일을 저장하고, '답안 전송' 버튼을 선택하여 감독위원 PC로 답안을 전송하십시오. 수험생 정보와 저장한 파일명이 다를 경우 전송되지 않으므로 주의하시기 바랍니다.

◎ 답안 작성 중에도 **주기적으로 저장하고 '답안 전송'**하여야 문제 발생을 줄일 수 있습니다. 작업한 내용을 저장하지 않고 전송할 경우 이전에 저장된 내용이 전송되오니 이점 유의하시기 바랍니다.

◎ 답안문서는 지정된 경로 외의 다른 보조기억장치에 저장하는 경우, 지정된 시험 시간 외에 작성된 파일을 활용할 경우, 기타 통신 수단(이메일, 메신저, 네트워크 등)을 이용하여 타인에게 전달 또는 외부 반출하는 경우는 부정 처리합니다.

◎ 시험 중 부주의 또는 고의로 시스템을 파손한 경우는 수험자가 변상해야 하며, 〈수험자 유의사항〉에 기재된 방법대로 이행하지 않아 생기는 불이익은 수험생 당사자의 책임임을 알려 드립니다.

◎ 문제의 조건은 MS오피스 2016 버전으로 설정되어 있으니 유의하시기 바랍니다.

◎ 시험을 완료한 수험자는 답안파일이 전송되었는지 확인한 후 감독위원의 지시에 따라 문제지를 제출하고 퇴실합니다.

답 안 작 성 요 령

◎ 온라인 답안 작성 절차
  수험자 등록 ⇒ 시험 시작 ⇒ 답안파일 저장 ⇒ 답안 전송 ⇒ 시험 종료

◎ 슬라이드 크기는 A4 Paper로 설정하여 작성합니다.

◎ 슬라이드의 총 개수는 6개로 구성되어 있으며 슬라이드 1부터 순서대로 작업하고 반드시 문제와 세부조건대로 합니다.

◎ 별도의 지시사항이 없는 경우 출력형태를 참조하여 글꼴색은 검정 또는 흰색으로 작성하고, 기타사항은 전체적인 균형을 고려하여 작성합니다.

◎ 슬라이드 도형 및 개체에 출력형태와 다른 스타일(그림자, 외곽선 등)을 적용했을 경우 감점처리 됩니다.

◎ 슬라이드 번호를 작성합니다(슬라이드 1에는 생략).

◎ 2~6번 슬라이드 제목 도형과 하단 로고는 슬라이드 마스터를 이용하여 출력형태와 동일하게 작성합니다(슬라이드 1에는 생략).

◎ 문제와 세부조건, 세부조건 번호 ◌ (점선원)는 입력하지 않습니다.

◎ 각 객체의 위치는 오른쪽의 슬라이드와 동일하게 구성합니다.

◎ 그림 삽입 문제의 경우 반드시 「내 PC\문서\ITQ\Picture」 폴더에서 정확한 파일을 선택하여 삽입하십시오.

◎ 각 슬라이드를 각각의 파일로 작업해서 저장할 경우 실격 처리됩니다.

The Insight KPC
kpc 한국생산성본부

(1) 슬라이드 크기 및 순서 : 크기를 A4 용지로 설정하고 슬라이드 순서에 맞게 작성한다.
(2) 슬라이드 마스터 : 2~6슬라이드의 제목, 하단 로고, 슬라이드 번호는 슬라이드 마스터를 이용하여 작성한다.
　　　　－ 제목 글꼴(돋움, 40pt, 흰색), 가운데 맞춤, 도형(선 없음)
　　　　－ 하단 로고(「내 PC\문서\ITQ\Picture\로고1.jpg」, 배경(회색) 투명색으로 설정)

슬라이드 1　　　표지 디자인　　　　　　　　　　　　40점

(1) 표지 디자인 : 도형, 워드아트 및 그림을 이용하여 작성한다.

세부조건

① 도형 편집
－ 도형에 그림 채우기 :
　「내 PC\문서\ITQ\Picture
　\그림3.jpg」, 투명도 50%
－ 도형 효과 :
　(부드러운 가장자리 5포인트)

② 워드아트 삽입
－ 변환 : 물결 1
－ 글꼴 : 돋움, 굵게
－ 반사 : 근접 반사, 터치

③ 그림 삽입
－ 「내 PC\문서\ITQ\Picture
　\로고1.jpg」
－ 배경(회색) 투명색으로 설정

슬라이드 2　　　목차 슬라이드　　　　　　　　　　60점

(1) 출력형태와 같이 도형을 이용하여 목차를 작성한다(글꼴 : 굴림, 24pt).
(2) 도형 : 선 없음

세부조건

① 텍스트에 하이퍼링크 적용
→ '슬라이드 5'

② 그림 삽입
－「내 PC\문서\ITQ\Picture
　\그림5.jpg」
－ 자르기 기능 이용

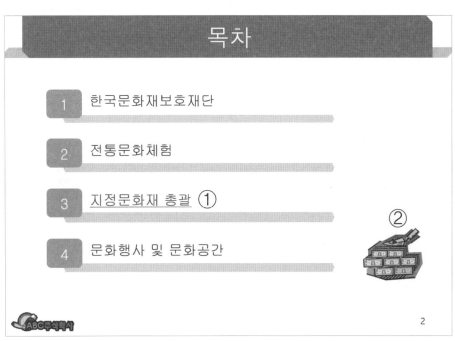

(1) 텍스트 작성 : 글머리 기호 사용(➤, ✔)
ㅤ➤문단(굴림, 24pt, 굵게, 줄간격 : 1.5줄), ✔문단(굴림, 20pt, 줄간격 : 1.5줄)

세부조건

① 동영상 삽입 :
- 「내 PC₩문서₩ITQ₩Picture ₩동영상. wmv」
- 자동실행, 반복재생 설정

1. 한국문화재보호재단

➤ **The Traditional Ceremony Reproduction Project**
ㅤ✔ Royal Guard–Changing Ceremony
ㅤ✔ Cangchamui(King's morning session) in the Joseon Dynasty
ㅤ✔ Royal Palace Walk
ㅤ✔ Giroyeon(the ceremony to honor the aged)

➤ **한국문화재보호재단**
ㅤ✔ 우리의 문화재를 보호 및 보존하고 전통생활문화를 창조
ㅤ적으로 계발하여 이를 보급, 활용함으로 우수한 우리의
ㅤ민족 문화를 널리 보전 및 선양함을 목적으로 함

3

---

(1) 도형과 표 작성 기능을 이용하여 슬라이드를 작성한다(글꼴 : 돋움, 18pt).

세부조건

① 상단 도형 :
ㅤ2개 도형의 조합으로 작성

② 좌측 도형 :
ㅤ그라데이션 효과(선형 아래쪽)

③ 표 스타일 :
ㅤ테마 스타일 1 – 강조 3

2. 전통문화체험

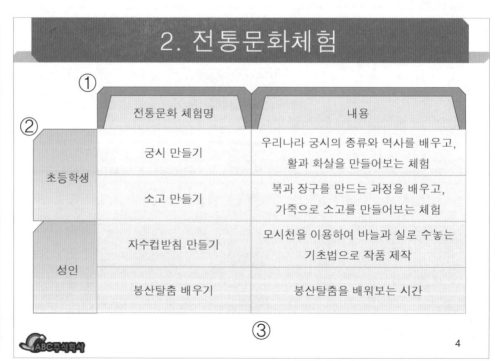

	전통문화 체험명	내용
초등학생	궁시 만들기	우리나라 궁시의 종류와 역사를 배우고, 활과 화살을 만들어보는 체험
	소고 만들기	북과 장구를 만드는 과정을 배우고, 가죽으로 소고를 만들어보는 체험
성인	자수컵받침 만들기	모시천을 이용하여 바늘과 실로 수놓는 기초법으로 작품 제작
	봉산탈춤 배우기	봉산탈춤을 배워보는 시간

4

(1) 차트 작성 기능을 이용하여 슬라이드를 작성한다.
(2) 차트 : 종류(묶은 세로 막대형), 글꼴(돋움, 16pt), 외곽선

세부조건

※ 차트설명
- 차트제목 : 궁서, 24pt, 굵게,
  채우기(흰색), 테두리,
  그림자(오프셋 위쪽)
- 차트영역 : 채우기(노랑)
  그림영역 : 채우기(흰색)
- 데이터 서식 : 보물 계열을
  표식이 있는 꺾은선형으로
  변경 후 보조축으로 지정
- 값 표시 : 광주의 보물 계열만
- 데이터 테이블 표시

① 도형 삽입
- 스타일 :
  미세효과 – 파랑, 강조1
- 글꼴 : 굴림, 18pt

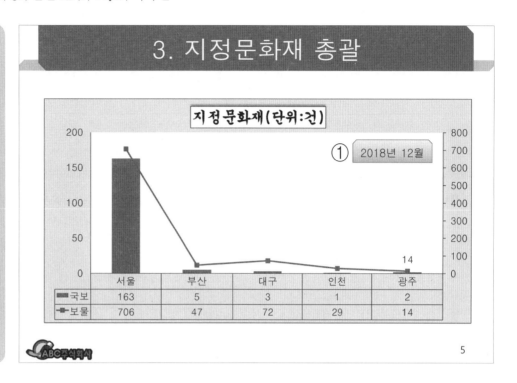

(1) 슬라이드와 같이 도형 및 스마트아트를 배치한다(글꼴 : 굴림, 18pt).
(2) 애니메이션 순서 : ① ⇒ ②

세부조건

① 도형 및 스마트아트 편집
- 스마트아트 디자인 : 3차원
  광택처리, 3차원 경사
- 그룹화 후 애니메이션 효과 :
  밝기 변화

② 도형 편집
- 그룹화 후 애니메이션 효과 :
  날아오기(오른쪽에서)

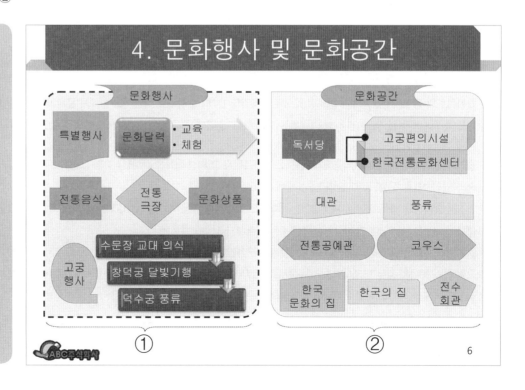

과목	코드	문제유형	시험시간	수험번호	성 명
파워포인트	1142	A	60분	41937002	

수 험 자 유 의 사 항

○ 수험자는 문제지를 받는 즉시 문제지와 **수험표상의 시험과목(프로그램)이 동일한지 반드시 확인**하여야 합니다.

○ 파일명은 본인의 "수험번호-성명"으로 입력하여 답안폴더(내 PC₩문서₩ITQ)에 하나의 파일로 저장해야 하며, 답안문서 파일명이 "수험번호-성명"과 일치하지 않거나, 답안파일을 전송하지 않아 미제출로 처리될 경우 실격 처리합니다 (예 : 12345678-홍길동.pptx).

○ 답안 작성을 마치면 파일을 저장하고, '답안 전송' 버튼을 선택하여 감독위원 PC로 답안을 전송하십시오. 수험생 정보와 저장한 파일명이 다를 경우 전송되지 않으므로 주의하시기 바랍니다.

○ 답안 작성 중에도 **주기적으로 저장하고 '답안 전송'**하여야 문제 발생을 줄일 수 있습니다. 작업한 내용을 저장하지 않고 전송할 경우 이전에 저장된 내용이 전송되오니 이점 유의하시기 바랍니다.

○ 답안문서는 지정된 경로 외의 다른 보조기억장치에 저장하는 경우, 지정된 시험 시간 외에 작성된 파일을 활용할 경우, 기타 통신 수단(이메일, 메신저, 네트워크 등)을 이용하여 타인에게 전달 또는 외부 반출하는 경우는 부정 처리합니다.

○ 시험 중 부주의 또는 고의로 시스템을 파손한 경우는 수험자가 변상해야 하며, <수험자 유의사항>에 기재된 방법대로 이행하지 않아 생기는 불이익은 수험생 당사자의 책임임을 알려 드립니다.

○ 문제의 조건은 MS오피스 2016 버전으로 설정되어 있으니 유의하시기 바랍니다.

○ 시험을 완료한 수험자는 답안파일이 전송되었는지 확인한 후 감독위원의 지시에 따라 문제지를 제출하고 퇴실합니다.

답 안 작 성 요 령

○ 온라인 답안 작성 절차
  수험자 등록 ⇒ 시험 시작 ⇒ 답안파일 저장 ⇒ 답안 전송 ⇒ 시험 종료

○ 슬라이드 크기는 A4 Paper로 설정하여 작성합니다.

○ 슬라이드의 총 개수는 6개로 구성되어 있으며 슬라이드 1부터 순서대로 작업하고 반드시 문제와 세부조건대로 합니다.

○ 별도의 지시사항이 없는 경우 출력형태를 참조하여 글꼴색은 검정 또는 흰색으로 작성하고, 기타사항은 전체적인 균형을 고려하여 작성합니다.

○ 슬라이드 도형 및 개체에 출력형태와 다른 스타일(그림자, 외곽선 등)을 적용했을 경우 감점처리 됩니다.

○ 슬라이드 번호를 작성합니다(슬라이드 1에는 생략).

○ 2~6번 슬라이드 제목 도형과 하단 로고는 슬라이드 마스터를 이용하여 출력형태와 동일하게 작성합니다(슬라이드 1에는 생략).

○ 문제와 세부조건, 세부조건 번호 ◌ (점선원)는 입력하지 않습니다.

○ 각 객체의 위치는 오른쪽의 슬라이드와 동일하게 구성합니다.

○ 그림 삽입 문제의 경우 반드시 「내 PC₩문서₩ITQ₩Picture」 폴더에서 정확한 파일을 선택하여 삽입하십시오.

○ 각 슬라이드를 각각의 파일로 작업해서 저장할 경우 실격 처리됩니다.

The Insight KPC
kpc 한국생산성본부

(1) 슬라이드 크기 및 순서 : 크기를 A4 용지로 설정하고 슬라이드 순서에 맞게 작성한다.
(2) 슬라이드 마스터 : 2~5슬라이드의 제목, 하단 로고, 슬라이드 번호는 슬라이드 마스터를 이용하여 작성한다.
　　　－ 제목 글꼴(굴림, 40pt, 검정), 가운데 맞춤, 도형(선 없음)
　　　－ 하단 로고(「내 PC₩문서₩ITQ₩Picture₩로고2.jpg」, 배경(회색) 투명색으로 설정)

슬라이드 1　　　　표지 디자인　　　　　　　　　　　　40점

(1) 표지 디자인 : 도형, 워드아트 및 그림을 이용하여 작성한다.

세부조건

① 도형 편집
－ 도형에 그림 채우기 :
「내 PC₩문서₩ITQ₩Picture₩
그림2.jpg」, 투명도 50%
　－ 도형 효과 :
(부드러운 가장자리 5포인트)

② 워드아트 삽입
－ 변환 : 휘어 올라오기
－ 글꼴 : 궁서, 굵게
－ 반사 : 근접 반사, 터치

③ 그림 삽입
－ 「내 PC₩문서₩ITQ₩Picture
₩로고2.jpg」
－ 배경(회색) 투명색으로 설정

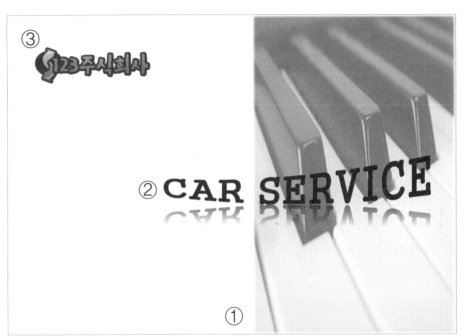

슬라이드 2　　　　목차 슬라이드　　　　　　　　　　60점

(1) 출력형태와 같이 도형을 이용하여 목차를 작성한다(글꼴 : 돋움, 24pt).
(2) 도형 : 선 없음

세부조건

① 텍스트에 하이퍼링크 적용
→ '슬라이드 5'

② 그림 삽입
－ 「내 PC₩문서₩ITQ₩Picture
₩그림4.jpg」
－ 자르기 기능 이용

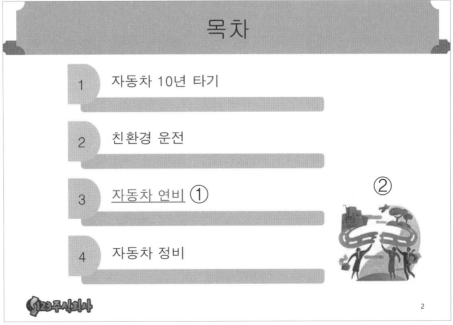

(1) 텍스트 작성 : 글머리 기호 사용(❑, ➤)

　　❑문단(굴림, 24pt, 굵게, 줄간격 : 1.5줄), ➤문단(굴림, 20pt, 줄간격 : 1.5줄)

세부조건

① 동영상 삽입 :
- 「내 PC\문서\ITQ\Picture \동영상. wmv」
- 자동실행, 반복재생 설정

1. 자동차 10년 타기

❑ CAR Development
　➤ Car Development using Personal Digital Design Process based on Engineering Technology
　➤ In 1769 the first steam-powered automobile capable of human transportation

❑ 안전운전
　➤ 안전띠는 자신과 가족의 안전을 위한 의무입니다.
　➤ 안전운전은 남의 가정을 지키는 소중한 의무입니다.
　➤ 졸음운전과 음주운전은 절대 안됩니다.

123주식회사　3

(1) 도형과 표 작성 기능을 이용하여 슬라이드를 작성한다(글꼴 : 돋움, 18pt).

세부조건

① 상단 도형 :
　2개 도형의 조합으로 작성

② 좌측 도형 :
　그라데이션 효과(선형 왼쪽)

③ 표 스타일 :
　테마 스타일 1 - 강조 6

2. 친환경 운전

차종	표시 연비	실제 연비	연식
A 자동차	8.6km/L	14.6km/L	2008년식
B 자동차	9.2km/L	13.2km/L	2009년식
C 자동차	11.3km/L	14.8km/L	2010년식
D 자동차	12.5km/L	15.1km/L	2011년식

123주식회사　4

(1) 차트 작성 기능을 이용하여 슬라이드를 작성한다.
(2) 차트 : 종류(묶은 세로 막대형), 글꼴(돋움, 16pt), 외곽선

세부조건

※ 차트설명
· 차트제목 : 굴림, 24pt, 굵게,
  채우기(흰색), 테두리,
  그림자(오프셋 대각선
  오른쪽 아래)
· 차트영역 : 채우기(노랑)
  그림영역 : 채우기(흰색)
· 데이터 서식 : B사 계열을
  표식이 있는 꺾은선형으로
  변경 후 보조축으로 지정
· 값 표시 : 2020년의 B사
  계열만
· 데이터 테이블 표시

① 도형 삽입
– 스타일 :
  미세효과 – 파랑, 강조1
– 글꼴 : 굴림, 18pt

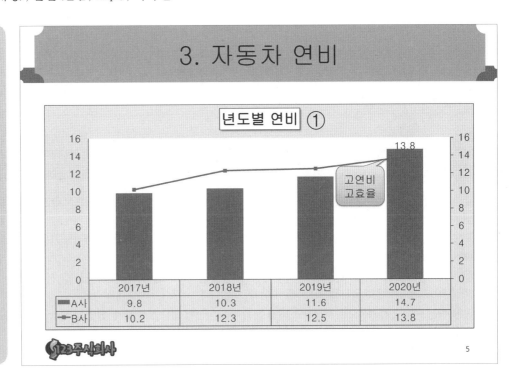

(1) 슬라이드와 같이 도형 및 스마트아트를 배치한다(글꼴 : 돋움, 18pt).
(2) 애니메이션 순서 : ① ⇒ ②

세부조건

① 도형 및 스마트아트 편집
– 스마트아트 디자인: 3차원
  광택처리, 3차원 만화
– 그룹화 후 애니메이션 효과 :
  시계 방향 회전

② 도형 편집
– 그룹화 후 애니메이션 효과 :
  실선 무늬(가로)

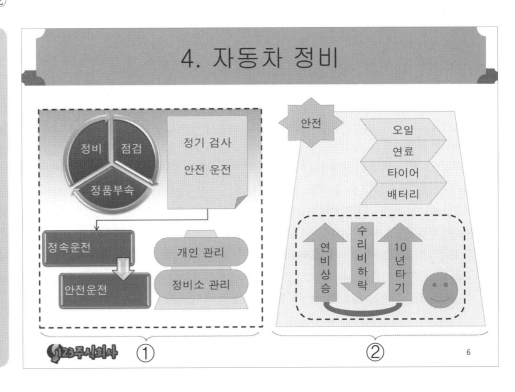

3회 기출유형 모의고사

과목	코드	문제유형	시험시간	수험번호	성 명
파워포인트	1142	A	60분	41937002	

수 험 자 유 의 사 항

- 수험자는 문제지를 받는 즉시 문제지와 **수험표상의 시험과목(프로그램)이 동일한지 반드시 확인**하여야 합니다.

- 파일명은 본인의 "수험번호-성명"으로 입력하여 답안폴더(내 PC₩문서₩ITQ)에 하나의 파일로 저장해야 하며, 답안문서 파일명이 "수험번호-성명"과 일치하지 않거나, 답안파일을 전송하지 않아 미제출로 처리될 경우 실격 처리합니다 (예 : 12345678-홍길동.pptx).

- 답안 작성을 마치면 파일을 저장하고, '답안 전송' 버튼을 선택하여 감독위원 PC로 답안을 전송하십시오. 수험생 정보와 저장한 파일명이 다를 경우 전송되지 않으므로 주의하시기 바랍니다.

- 답안 작성 중에도 **주기적으로 저장하고 '답안 전송'**하여야 문제 발생을 줄일 수 있습니다. 작업한 내용을 저장하지 않고 전송할 경우 이전에 저장된 내용이 전송되오니 이점 유의하시기 바랍니다.

- 답안문서는 지정된 경로 외의 다른 보조기억장치에 저장하는 경우, 지정된 시험 시간 외에 작성된 파일을 활용할 경우, 기타 통신 수단(이메일, 메신저, 네트워크 등)을 이용하여 타인에게 전달 또는 외부 반출하는 경우는 부정 처리합니다.

- 시험 중 부주의 또는 고의로 시스템을 파손한 경우는 수험자가 변상해야 하며, <수험자 유의사항>에 기재된 방법대로 이행하지 않아 생기는 불이익은 수험생 당사자의 책임임을 알려 드립니다.

- 문제의 조건은 MS오피스 2016 버전으로 설정되어 있으니 유의하시기 바랍니다.

- 시험을 완료한 수험자는 답안파일이 전송되었는지 확인한 후 감독위원의 지시에 따라 문제지를 제출하고 퇴실합니다.

답 안 작 성 요 령

- 온라인 답안 작성 절차
  수험자 등록 ⇒ 시험 시작 ⇒ 답안파일 저장 ⇒ 답안 전송 ⇒ 시험 종료

- 슬라이드 크기는 A4 Paper로 설정하여 작성합니다.

- 슬라이드의 총 개수는 6개로 구성되어 있으며 슬라이드 1부터 순서대로 작업하고 반드시 문제와 세부조건대로 합니다.

- 별도의 지시사항이 없는 경우 출력형태를 참조하여 글꼴색은 검정 또는 흰색으로 작성하고, 기타사항은 전체적인 균형을 고려하여 작성합니다.

- 슬라이드 도형 및 개체에 출력형태와 다른 스타일(그림자, 외곽선 등)을 적용했을 경우 감점처리 됩니다.

- 슬라이드 번호를 작성합니다(슬라이드 1에는 생략).

- 2~6번 슬라이드 제목 도형과 하단 로고는 슬라이드 마스터를 이용하여 출력형태와 동일하게 작성합니다(슬라이드 1에는 생략).

- 문제와 세부조건, 세부조건 번호 ○ (점선원)는 입력하지 않습니다.

- 각 객체의 위치는 오른쪽의 슬라이드와 동일하게 구성합니다.

- 그림 삽입 문제의 경우 반드시 「내 PC₩문서₩ITQ₩Picture」 폴더에서 정확한 파일을 선택하여 삽입하십시오.

- 각 슬라이드를 각각의 파일로 작업해서 저장할 경우 실격 처리됩니다.

(1) 슬라이드 크기 및 순서 : 크기를 A4 용지로 설정하고 슬라이드 순서에 맞게 작성한다.
(2) 슬라이드 마스터 : 2~6슬라이드의 제목, 하단 로고, 슬라이드 번호는 슬라이드 마스터를 이용하여 작성한다.
     – 제목 글꼴(맑은고딕, 40pt, 흰색), 왼쪽 맞춤, 도형(선 없음)
     – 하단 로고(「내 PC\문서\ITQ\Picture\로고2.jpg」, 배경(회색) 투명색으로 설정)

슬라이드 1   표지 디자인   40점

(1) 표지 디자인 : 도형, 워드아트 및 그림을 이용하여 작성한다.

세부조건

① 도형 편집
– 도형에 그림 채우기 :
「내 PC\문서\ITQ\Picture\그림2.jpg」, 투명도 50%
– 도형 효과 :
(부드러운 가장자리 5pt)

② 워드아트 삽입
– 변환 : 위로 계단식
– 글꼴 : 궁서, 굵게
– 반사 : 전체 반사, 4pt 오프셋

③ 그림 삽입
–「내 PC\문서\ITQ\Picture\로고2.jpg」
– 배경(회색) 투명색으로 설정

슬라이드 2   목차 슬라이드   60점

(1) 출력형태와 같이 도형을 이용하여 목차를 작성한다(글꼴 : 돋움, 24pt).
(2) 도형 : 선 없음

세부조건

① 텍스트에 하이퍼링크 적용
→ '슬라이드 3'

② 그림 삽입
–「내 PC\문서\ITQ\Picture\그림4.jpg」
– 자르기 기능 이용

(1) 텍스트 작성 : 글머리 기호 사용(◆, ✓)
　　◆ 문단(맑은고딕, 24pt, 굵게, 줄간격 : 1.5줄), ✓ 문단(맑은고딕, 20pt, 줄간격 : 1.5줄)

세부조건

① 동영상 삽입 :
- 「내 PC₩문서₩ITQ₩Picture ₩동영상. wmv」
- 자동실행, 반복재생 설정

Ⅰ. 교육부 소개

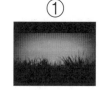

◆ **About MOE**

　✓ Education is the foundation of a nation and a key to the future

　✓ Korea systematically supports increased autonomy of all schools

◆ **비전 제시**

　✓ 창의인재 양성을 통해 국민이 행복한 희망의 새시대를 연다.

　✓ 학생들이 꿈과 끼를 키울 수 있도록 학교교육을 정상화한다.

　✓ 미래인재 양성을 위한 능력중심사회 기반을 구축한다.

　✓ 특성화를 통해 글로벌 경쟁력을 갖춘 다양한 대학으로 육성한다.

123주시의사   3

(1) 도형과 표 작성 기능을 이용하여 슬라이드를 작성한다(글꼴 : 돋움, 18pt).

세부조건

① 상단 도형 :
　2개 도형의 조합으로 작성

② 좌측 도형 :
　그라데이션 효과(선형 아래쪽)

③ 표 스타일 :
　테마 스타일 1 – 강조 3

Ⅱ. 고등학교 납입금 현황

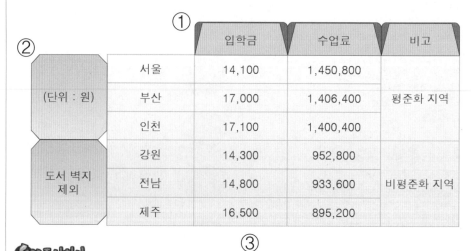

		입학금	수업료	비고
(단위 : 원)	서울	14,100	1,450,800	
	부산	17,000	1,406,400	평준화 지역
	인천	17,100	1,400,400	
도서 벽지 제외	강원	14,300	952,800	
	전남	14,800	933,600	비평준화 지역
	제주	16,500	895,200	

123주시의사   4

(1) 차트 작성 기능을 이용하여 슬라이드를 작성한다.
(2) 차트 : 종류(묶은 세로 막대형), 글꼴(굴림, 16pt), 외곽선

세부조건

※ 차트설명
・차트제목 : 궁서, 18pt, 굵게,
　채우기(흰색), 테두리,
　그림자(오프셋 아래쪽)
・차트영역 : 채우기(노랑)
　그림영역 : 채우기(흰색)
・데이터 서식 : '부산' 계열만
　채우기 (질감-분홍 박엽지)
・값표시 : '부산' 계열만
・데이터 테이블 표시

① 도형 삽입
– 스타일 :
　미세효과 – 파랑, 강조1
– 글꼴 : 돋움, 18pt

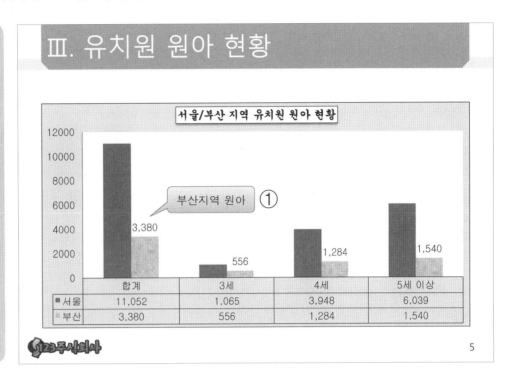

(1) 슬라이드와 같이 도형 및 스마트아트를 배치한다(글꼴 : 굴림, 18pt).
(2) 애니메이션 순서 : ① ⇒ ②

세부조건

① 도형 및 스마트아트 편집
– 스마트아트 디자인 :
　3차원 만화, 3차원 광택 처리
– 그룹화 후 애니메이션 효과 :
　날아오기(왼쪽에서)

② 도형 편집
그룹화 후 애니메이션 효과 :
블라인드(세로)

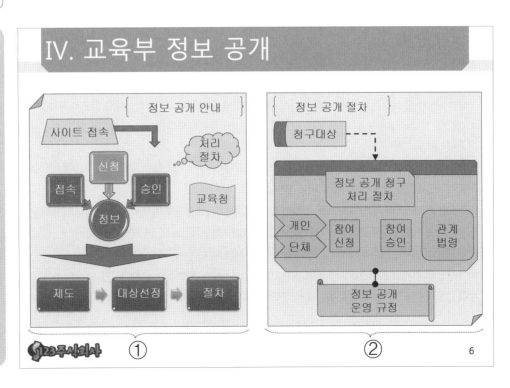

기출유형 모의고사

4회

과목	코드	문제유형	시험시간	수험번호	성 명
파워포인트	1142	A	60분	53017005	

수 험 자 유 의 사 항

◎ 수험자는 문제지를 받는 즉시 문제지와 **수험표상의 시험과목(프로그램)이 동일한지 반드시 확인**하여야 합니다.

◎ 파일명은 본인의 "수험번호-성명"으로 입력하여 답안폴더(내 PC₩문서₩ITQ)에 하나의 파일로 저장해야 하며, 답안문서 파일명이 "수험번호-성명"과 일치하지 않거나, 답안파일을 전송하지 않아 미제출로 처리될 경우 실격 처리합니다 (예 : 12345678-홍길동.pptx).

◎ 답안 작성을 마치면 파일을 저장하고, '답안 전송' 버튼을 선택하여 감독위원 PC로 답안을 전송하십시오. 수험생 정보와 저장한 파일명이 다를 경우 전송되지 않으므로 주의하시기 바랍니다.

◎ 답안 작성 중에도 **주기적으로 저장하고 '답안 전송'**하여야 문제 발생을 줄일 수 있습니다. 작업한 내용을 저장하지 않고 전송할 경우 이전에 저장된 내용이 전송되오니 이점 유의하시기 바랍니다.

◎ 답안문서는 지정된 경로 외의 다른 보조기억장치에 저장하는 경우, 지정된 시험 시간 외에 작성된 파일을 활용할 경우, 기타 통신 수단(이메일, 메신저, 네트워크 등)을 이용하여 타인에게 전달 또는 외부 반출하는 경우는 부정 처리합니다.

◎ 시험 중 부주의 또는 고의로 시스템을 파손한 경우는 수험자가 변상해야 하며, <수험자 유의사항>에 기재된 방법대로 이행하지 않아 생기는 불이익은 수험생 당사자의 책임임을 알려 드립니다.

◎ 문제의 조건은 MS오피스 2016 버전으로 설정되어 있으니 유의하시기 바랍니다.

◎ 시험을 완료한 수험자는 답안파일이 전송되었는지 확인한 후 감독위원의 지시에 따라 문제지를 제출하고 퇴실합니다.

답 안 작 성 요 령

◎ 온라인 답안 작성 절차
수험자 등록 ⇒ 시험 시작 ⇒ 답안파일 저장 ⇒ 답안 전송 ⇒ 시험 종료

◎ 슬라이드 크기는 A4 Paper로 설정하여 작성합니다.

◎ 슬라이드의 총 개수는 6개로 구성되어 있으며 슬라이드 1부터 순서대로 작업하고 반드시 문제와 세부조건대로 합니다.

◎ 별도의 지시사항이 없는 경우 출력형태를 참조하여 글꼴색은 검정 또는 흰색으로 작성하고, 기타사항은 전체적인 균형을 고려하여 작성합니다.

◎ 슬라이드 도형 및 개체에 출력형태와 다른 스타일(그림자, 외곽선 등)을 적용했을 경우 감점처리 됩니다.

◎ 슬라이드 번호를 작성합니다(슬라이드 1에는 생략).

◎ 2~6번 슬라이드 제목 도형과 하단 로고는 슬라이드 마스터를 이용하여 출력형태와 동일하게 작성합니다(슬라이드 1에는 생략).

◎ 문제와 세부조건, 세부조건 번호 ◌ (점선원)는 입력하지 않습니다.

◎ 각 객체의 위치는 오른쪽의 슬라이드와 동일하게 구성합니다.

◎ 그림 삽입 문제의 경우 반드시 「내 PC₩문서₩ITQ₩Picture」 폴더에서 정확한 파일을 선택하여 삽입하십시오.

◎ 각 슬라이드를 각각의 파일로 작업해서 저장할 경우 실격 처리됩니다.

(1) 슬라이드 크기 및 순서 : 크기를 A4 용지로 설정하고 슬라이드 순서에 맞게 작성한다.
(2) 슬라이드 마스터 : 2~6슬라이드의 제목, 하단 로고, 슬라이드 번호는 슬라이드 마스터를 이용하여 작성한다.
- 제목 글꼴(맑은고딕, 40pt, 검정), 가운데 맞춤, 도형(선 없음)
- 하단 로고(「내 PC₩문서₩ITQ₩Picture₩로고1.jpg」, 배경(회색) 투명색으로 설정)

슬라이드 1	표지 디자인	40점

(1) 표지 디자인 : 도형, 워드아트 및 그림을 이용하여 작성한다.

세부조건

① 도형 편집
- 도형에 그림 채우기 :
「내 PC₩문서₩ITQ₩Picture₩그림2.jpg」, 투명도 50%
- 도형 효과 :
(부드러운 가장자리 5pt)

② 워드아트 삽입
- 변환 : 위쪽 수축
- 글꼴 : 굴림, 굵게
- 반사 : 전체 반사, 터치

③ 그림 삽입
- 「내 PC₩문서₩ITQ₩Picture₩로고1.jpg」
- 배경(회색) 투명색으로 설정

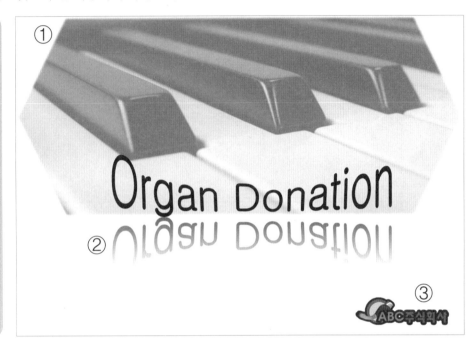

슬라이드 2	목차 슬라이드	60점

(1) 출력형태와 같이 도형을 이용하여 목차를 작성한다(글꼴 : 굴림, 24pt).
(2) 도형 : 선 없음

세부조건

① 텍스트에 하이퍼링크 적용
→ '슬라이드 4'

② 그림 삽입
- 「내 PC₩문서₩ITQ₩Picture₩그림4.jpg」
- 자르기 기능 이용

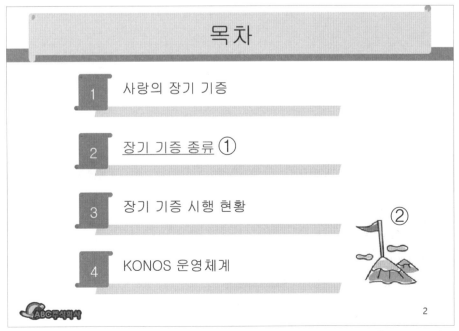

(1) 텍스트 작성 : 글머리 기호 사용(❖, ✓)
  ❖문단(굴림, 24pt, 굵게, 줄간격 : 1.5줄), ✓ 문단(굴림, 20pt, 줄간격 : 1.5줄)

세부조건

① 동영상 삽입 :
- 「내 PC₩문서₩ITQ₩Picture ₩동영상. wmv」
- 자동실행, 반복재생 설정

1. 사랑의 장기 기증

❖ **Organ Donor Program**

 ✓ Organ Donation is a life-sharing movement through sharing healthy organs while alive or donating after death to save the precious lives

 ✓ The objective is to contribute in promotion and encouragement of such a movement

❖ **장기 기증 홍보사업**

 ✓ 청소년 생명존중 교육프로그램 '생명사랑 나눔사랑' 활동 강화

 ✓ 매월 9일 장기 기증의 날 캠페인을 통한 홍보

 ✓ 경제적으로 어려운 환우 수술비 및 치료비 지원

①

ABC주식회사

3

(1) 도형과 표 작성 기능을 이용하여 슬라이드를 작성한다(글꼴 : 굴림, 18pt).

세부조건

① 상단 도형 :
  2개 도형의 조합으로 작성

② 좌측 도형 :
  그라데이션 효과(선형 아래쪽)

③ 표 스타일 :
  테마 스타일 1 – 강조 6

2. 장기 기증 종류

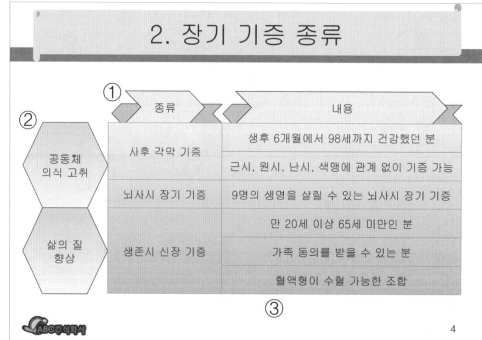

① 종류	내용
사후 각막 기증	생후 6개월에서 98세까지 건강했던 분
	근시, 원시, 난시, 색맹에 관계 없이 기증 가능
뇌사시 장기 기증	9명의 생명을 살릴 수 있는 뇌사시 장기 기증
생존시 신장 기증	만 20세 이상 65세 미만인 분
	가족 동의를 받을 수 있는 분
	혈액형이 수혈 가능한 조합

② 공동체 의식 고취

삶의 질 향상

③

ABC주식회사

4

(1) 차트 작성 기능을 이용하여 슬라이드를 작성한다.
(2) 차트 : 종류(묶은 세로 막대형), 글꼴(굴림, 16pt), 외곽선

세부조건

※ 차트설명
· 차트제목 : 궁서, 24pt, 굵게,
  채우기(흰색), 테두리,
  그림자(오프셋 위쪽)
· 차트영역 : 채우기(노랑)
  그림영역 : 채우기(흰색)
· 데이터 서식 : '여자' 계열을
  표식이 있는 꺾은선형으로 변경
  후 보조축 으로 지정
· 값표시 : 50대 여자 계열만
· 데이터 테이블 표시

① 도형 삽입
- 스타일 :
  미세효과 – 파랑, 강조1
- 글꼴 : 돋움, 18pt

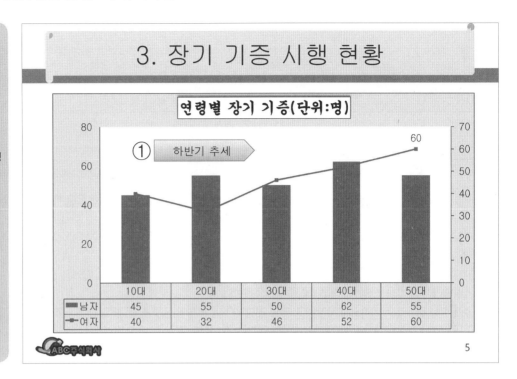

(1) 슬라이드와 같이 도형 및 스마트아트를 배치한다(글꼴 : 굴림, 18pt).
(2) 애니메이션 순서 : ① ⇒ ②

세부조건

① 도형 및 스마트아트 편집
- 스마트아트 디자인 :
  3차원 만화, 3차원 벽돌
- 그룹화 후 애니메이션 효과 :
  시계 방향 회전

② 도형 편집
그룹화 후 애니메이션 효과 :
바운드

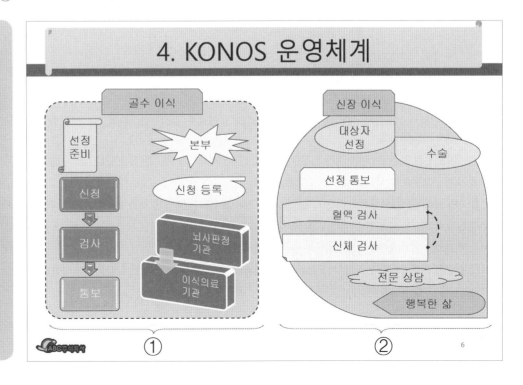

과목	코드	문제유형	시험시간	수험번호	성 명
파워포인트	1142	A	60분	41757005	

수 험 자 유 의 사 항

- 수험자는 문제지를 받는 즉시 문제지와 **수험표상의 시험과목(프로그램)이 동일한지 반드시 확인**하여야 합니다.
- 파일명은 본인의 "수험번호-성명"으로 입력하여 답안폴더(내 PC₩문서₩ITQ)에 하나의 파일로 저장해야 하며, 답안문서 파일명이 "수험번호-성명"과 일치하지 않거나, 답안파일을 전송하지 않아 미제출로 처리될 경우 실격 처리합니다 (예 : 12345678-홍길동.pptx).
- 답안 작성을 마치면 파일을 저장하고, '답안 전송' 버튼을 선택하여 감독위원 PC로 답안을 전송하십시오. 수험생 정보와 저장한 파일명이 다를 경우 전송되지 않으므로 주의하시기 바랍니다.
- 답안 작성 중에도 **주기적으로 저장하고 '답안 전송'**하여야 문제 발생을 줄일 수 있습니다. 작업한 내용을 저장하지 않고 전송할 경우 이전에 저장된 내용이 전송되오니 이점 유의하시기 바랍니다.
- 답안문서는 지정된 경로 외의 다른 보조기억장치에 저장하는 경우, 지정된 시험 시간 외에 작성된 파일을 활용할 경우, 기타 통신 수단(이메일, 메신저, 네트워크 등)을 이용하여 타인에게 전달 또는 외부 반출하는 경우는 부정 처리합니다.
- 시험 중 부주의 또는 고의로 시스템을 파손한 경우는 수험자가 변상해야 하며, <수험자 유의사항>에 기재된 방법대로 이행하지 않아 생기는 불이익은 수험생 당사자의 책임임을 알려 드립니다.
- 문제의 조건은 MS오피스 2016 버전으로 설정되어 있으니 유의하시기 바랍니다.
- 시험을 완료한 수험자는 답안파일이 전송되었는지 확인한 후 감독위원의 지시에 따라 문제지를 제출하고 퇴실합니다.

답 안 작 성 요 령

- 온라인 답안 작성 절차
  수험자 등록 ⇒ 시험 시작 ⇒ 답안파일 저장 ⇒ 답안 전송 ⇒ 시험 종료
- 슬라이드 크기는 A4 Paper로 설정하여 작성합니다.
- 슬라이드의 총 개수는 6개로 구성되어 있으며 슬라이드 1부터 순서대로 작업하고 반드시 문제와 세부조건대로 합니다.
- 별도의 지시사항이 없는 경우 출력형태를 참조하여 글꼴색은 검정 또는 흰색으로 작성하고, 기타사항은 전체적인 균형을 고려하여 작성합니다.
- 슬라이드 도형 및 개체에 출력형태와 다른 스타일(그림자, 외곽선 등)을 적용했을 경우 감점처리 됩니다.
- 슬라이드 번호를 작성합니다(슬라이드 1에는 생략).
- 2~6번 슬라이드 제목 도형과 하단 로고는 슬라이드 마스터를 이용하여 출력형태와 동일하게 작성합니다(슬라이드 1에는 생략).
- 문제와 세부조건, 세부조건 번호 ◌ (점선원)는 입력하지 않습니다.
- 각 객체의 위치는 오른쪽의 슬라이드와 동일하게 구성합니다.
- 그림 삽입 문제의 경우 반드시 「내 PC₩문서₩ITQ₩Picture」 폴더에서 정확한 파일을 선택하여 삽입하십시오.
- 각 슬라이드를 각각의 파일로 작업해서 저장할 경우 실격 처리됩니다.

The Insight KPC
kpc 한국생산성본부

(1) 슬라이드 크기 및 순서 : 크기를 A4 용지로 설정하고 슬라이드 순서에 맞게 작성한다.
(2) 슬라이드 마스터 : 2~6슬라이드의 제목, 하단 로고, 슬라이드 번호는 슬라이드 마스터를 이용하여 작성한다.
　　– 제목 글꼴(돋움, 40pt, 흰색), 가운데 맞춤, 도형(선 없음)
　　– 하단 로고(「내 PC₩문서₩ITQ₩Picture₩로고2.jpg」, 배경(회색) 투명색으로 설정)

슬라이드 1　　표지 디자인　　40점

(1) 표지 디자인 : 도형, 워드아트 및 그림을 이용하여 작성한다.

세부조건

① 도형 편집
– 도형에 그림 채우기 :
「내 PC₩문서₩ITQ₩Picture
₩그림3.jpg」, 투명도 50%
– 도형 효과 :
(부드러운 가장자리 5포인트)

② 워드아트 삽입
– 변환 : 휘어 올라오기
– 글꼴 : 돋움, 굵게
– 텍스트 반사 : 근접 반사,
4 pt 오프셋

③ 그림 삽입
–「내 PC₩문서₩ITQ₩Picture
₩로고2.jpg」
– 배경(회색) 투명색으로 설정

슬라이드 2　　목차 슬라이드　　60점

(1) 출력형태와 같이 도형을 이용하여 목차를 작성한다(글꼴 : 굴림, 24pt).
(2) 도형 : 선 없음

세부조건

① 텍스트에 하이퍼링크 적용
→ '슬라이드 6'

② 그림 삽입
–「내 PC₩문서₩ITQ₩Picture
₩그림4.jpg」
– 자르기 기능 이용

(1) 텍스트 작성 : 글머리 기호 사용(❖, ■)
    ❖ 문단(굴림, 24pt, 굵게, 줄간격 : 1.5줄), ■ 문단(굴림, 20pt, 줄간격 : 1.5줄)

세부조건

① 동영상 삽입 :
- 「내 PC₩문서₩ITQ₩Picture ₩동영상.wmv」
- 자동실행, 반복재생 설정

A. 게이트볼의 정의

❖ **The Game**

■ It is a game played between two teams, each with 5 players

■ The winner is decided by the total number of points achieved during the 30-minute game

❖ **게이트볼의 정의**

■ 게이트볼은 T 자 모양의 막대기로 공을 쳐서 경기장 안의 게이트(문) 3군데를 통과시킨 다음 경기장 중앙 에 세운 20cm 골폴에 맞히는 구기

①

123주식회사

3

(1) 도형과 표 작성 기능을 이용하여 슬라이드를 작성한다(글꼴 : 돋움, 18pt).

세부조건

① 상단 도형 :
2개 도형의 조합으로 작성

② 좌측 도형 :
그라데이션 효과(선형 아래쪽)

③ 표 스타일 :
테마 스타일 1 - 강조 6

B. 생활체육 행사일정

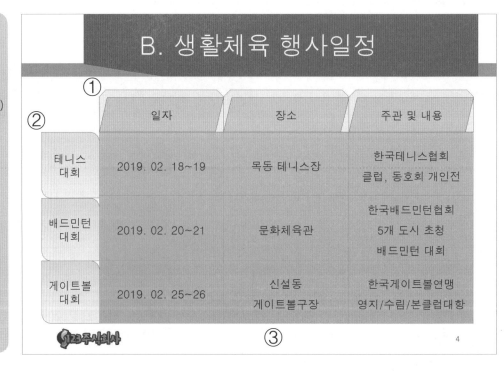

	일자	장소	주관 및 내용
테니스 대회	2019. 02. 18~19	목동 테니스장	한국테니스협회 클럽, 동호회 개인전
배드민턴 대회	2019. 02. 20~21	문화체육관	한국배드민턴협회 5개 도시 초청 배드민턴 대회
게이트볼 대회	2019. 02. 25~26	신설동 게이트볼구장	한국게이트볼연맹 영지/수림/본클럽대항

① ② ③

123주식회사

4

(1) 차트 작성 기능을 이용하여 슬라이드를 작성한다.
(2) 차트 : 종류(묶은 세로 막대형), 글꼴(돋움, 16pt), 외곽선

세부조건

※ 차트설명
· 차트제목 : 궁서, 24pt, 굵게,
  채우기(흰색), 테두리,
  그림자(오프셋 오른쪽)
· 차트영역 : 채우기(노랑)
  그림영역 : 채우기(흰색)
· 데이터 서식 : 2018년 계열을
  표식이 있는 꺾은선형으로
  변경 후 보조축으로 지정
· 값 표시 : 60대의 2018년
  계열만

① 도형 삽입
- 스타일 :
  미세효과 – 파랑, 강조1
- 글꼴 : 굴림, 18pt

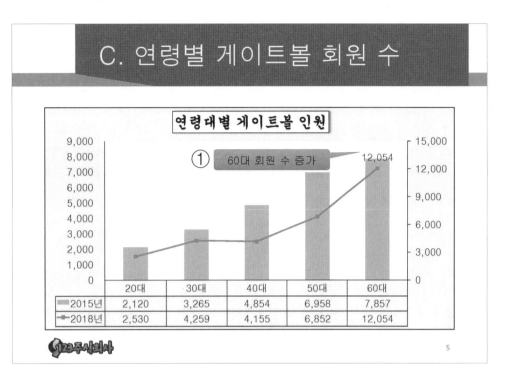

(1) 슬라이드와 같이 도형 및 스마트아트를 배치한다(글꼴 : 굴림, 18pt).
(2) 애니메이션 순서 : ① ⇒ ②

세부조건

① 도형 및 스마트아트 편집
- 스마트아트 디자인 : 3차원
  광택 처리, 3차원 만화
- 그룹화 후 애니메이션 효과 :
  시계 방향 회전

② 도형 편집
- 그룹화 후 애니메이션 효과 :
  실선무늬(세로)

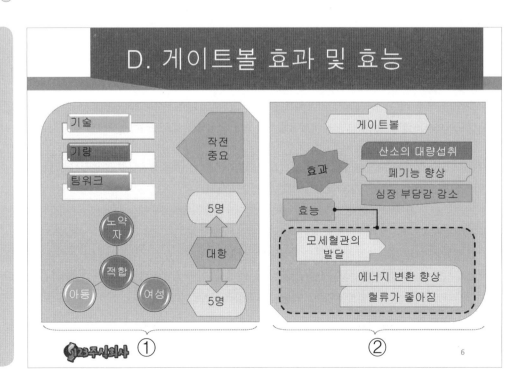

과목	코드	문제유형	시험시간	수험번호	성 명
파워포인트	1142	A	60분	67087007	

수 험 자 유 의 사 항

- 수험자는 문제지를 받는 즉시 문제지와 **수험표상의 시험과목(프로그램)이 동일한지 반드시 확인**하여야 합니다.
- 파일명은 본인의 "수험번호-성명"으로 입력하여 답안폴더(내 PC\문서\ITQ)에 하나의 파일로 저장해야 하며, 답안문서 파일명이 "수험번호-성명"과 일치하지 않거나, 답안파일을 전송하지 않아 미제출로 처리될 경우 실격 처리합니다 (예 : 12345678-홍길동.pptx).
- 답안 작성을 마치면 파일을 저장하고, '답안 전송' 버튼을 선택하여 감독위원 PC로 답안을 전송하십시오. 수험생 정보와 저장한 파일명이 다를 경우 전송되지 않으므로 주의하시기 바랍니다.
- 답안 작성 중에도 **주기적으로 저장하고 '답안 전송'**하여야 문제 발생을 줄일 수 있습니다. 작업한 내용을 저장하지 않고 전송할 경우 이전에 저장된 내용이 전송되오니 이점 유의하시기 바랍니다.
- 답안문서는 지정된 경로 외의 다른 보조기억장치에 저장하는 경우, 지정된 시험 시간 외에 작성된 파일을 활용할 경우, 기타 통신 수단(이메일, 메신저, 네트워크 등)을 이용하여 타인에게 전달 또는 외부 반출하는 경우는 부정 처리합니다.
- 시험 중 부주의 또는 고의로 시스템을 파손한 경우는 수험자가 변상해야 하며, 〈수험자 유의사항〉에 기재된 방법대로 이행하지 않아 생기는 불이익은 수험생 당사자의 책임임을 알려 드립니다.
- 문제의 조건은 MS오피스 2016 버전으로 설정되어 있으니 유의하시기 바랍니다.
- 시험을 완료한 수험자는 답안파일이 전송되었는지 확인한 후 감독위원의 지시에 따라 문제지를 제출하고 퇴실합니다.

답 안 작 성 요 령

- 온라인 답안 작성 절차
  수험자 등록 ⇒ 시험 시작 ⇒ 답안파일 저장 ⇒ 답안 전송 ⇒ 시험 종료
- 슬라이드 크기는 A4 Paper로 설정하여 작성합니다.
- 슬라이드의 총 개수는 6개로 구성되어 있으며 슬라이드 1부터 순서대로 작업하고 반드시 문제와 세부조건대로 합니다.
- 별도의 지시사항이 없는 경우 출력형태를 참조하여 글꼴색은 검정 또는 흰색으로 작성하고, 기타사항은 전체적인 균형을 고려하여 작성합니다.
- 슬라이드 도형 및 개체에 출력형태와 다른 스타일(그림자, 외곽선 등)을 적용했을 경우 감점처리 됩니다.
- 슬라이드 번호를 작성합니다(슬라이드 1에는 생략).
- 2~6번 슬라이드 제목 도형과 하단 로고는 슬라이드 마스터를 이용하여 출력형태와 동일하게 작성합니다(슬라이드 1에는 생략).
- 문제와 세부조건, 세부조건 번호 ○ (점선원)는 입력하지 않습니다.
- 각 객체의 위치는 오른쪽의 슬라이드와 동일하게 구성합니다.
- 그림 삽입 문제의 경우 반드시 「내 PC\문서\ITQ\Picture」 폴더에서 정확한 파일을 선택하여 삽입하십시오.
- 각 슬라이드를 각각의 파일로 작업해서 저장할 경우 실격 처리됩니다.

(1) 슬라이드 크기 및 순서 : 크기를 A4 용지로 설정하고 슬라이드 순서에 맞게 작성한다.
(2) 슬라이드 마스터 : 2~6슬라이드의 제목, 하단 로고, 슬라이드 번호는 슬라이드 마스터를 이용하여 작성한다.
      – 제목 글꼴(굴림, 40pt, 검정), 가운데 맞춤, 도형(선 없음)
      – 하단 로고(「내 PC₩문서₩ITQ₩Picture₩로고3.jpg」, 배경(연보라) 투명색으로 설정)

슬라이드 1   표지 디자인   40점

(1) 표지 디자인 : 도형, 워드아트 및 그림을 이용하여 작성한다.

세부조건

① 도형 편집
– 도형에 그림 채우기 :
 「내 PC₩문서₩ITQ₩Picture
 ₩그림1.jpg」, 투명도 50%
– 도형 효과 :
 (부드러운 가장자리 10포인트)

② 워드아트 삽입
– 변환 : 팽창
– 글꼴 : 돋움, 굵게
– 텍스트 반사 : 근접 반사,
 4 pt 오프셋

③ 그림 삽입
– 「내 PC₩문서₩ITQ₩Picture
 ₩로고3.jpg」
– 배경(연보라) 투명색으로 설정

슬라이드 2   목차 슬라이드   60점

(1) 출력형태와 같이 도형을 이용하여 목차를 작성한다(글꼴 : 굴림, 24pt).
(2) 도형 : 선 없음

세부조건

① 텍스트에 하이퍼링크 적용
→ '슬라이드 4'

② 그림 삽입
– 「내 PC₩문서₩ITQ₩Picture
 ₩그림5.jpg」
– 자르기 기능 이용

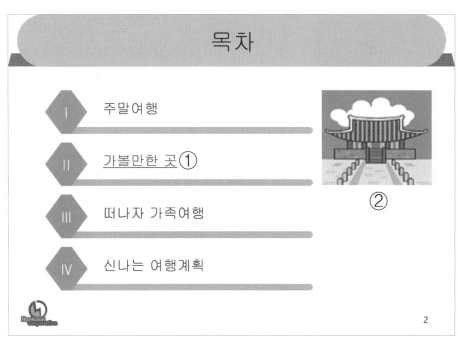

(1) 텍스트 작성 : 글머리 기호 사용(❖, ■)
　　　❖문단(궁서, 24pt, 굵게, 줄간격 : 1.5줄), ■ 문단(궁서, 20pt, 줄간격 : 1.5줄)

세부조건

① 동영상 삽입 :
- 「내 PC₩문서₩ITQ₩Picture ₩동영상.wmv」
- 자동실행, 반복재생 설정

Ⅰ. 주말여행

❖ **Tours**
- Weekend tours are ideal for families who want a short getaway
- There are many places to enjoy comfortably around mountains, rivers and seas

❖ **주말여행**
- 주말여행은 짧은 휴가를 원하는 가족들에게는 이상적인 여행이다.
- 산, 강, 바다 주변에는 편안하게 즐길 곳이 많다.

3

(1) 도형과 표 작성 기능을 이용하여 슬라이드를 작성한다(글꼴 : 굴림, 18pt).

세부조건

① 상단 도형 :
　2개 도형의 조합으로 작성

② 좌측 도형 :
　그라데이션 효과(선형 오른쪽)

③ 표 스타일 :
　테마 스타일 1 – 강조 3

Ⅱ. 가볼만한 곳

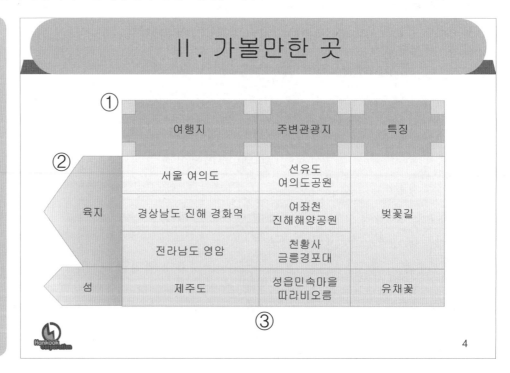

		여행지	주변관광지	특징
육지		서울 여의도	선유도 여의도공원	벚꽃길
		경상남도 진해 경화역	여좌천 진해해양공원	
		전라남도 영암	천황사 금릉경포대	
섬		제주도	성읍민속마을 따라비오름	유채꽃

(1) 차트 작성 기능을 이용하여 슬라이드를 작성한다.
(2) 차트 : 종류(묶은 세로 막대형), 글꼴(굴림, 16pt), 외곽선

세부조건

※ 차트설명
· 차트제목 : 돋움, 24pt, 굵게,
  채우기(흰색), 테두리,
  그림자(오프셋 오른쪽)
· 차트영역 : 채우기(노랑)
  그림영역 : 채우기(흰색)
· 데이터 서식 : 해외 계열을
  표식이 있는 꺾은선형으로
  변경 후 보조축으로 지정
· 값 표시 : 여름의 국내 계열만

① 도형 삽입
- 스타일 :
  미세효과 – 파랑, 강조1
- 글꼴 : 돋움, 18pt

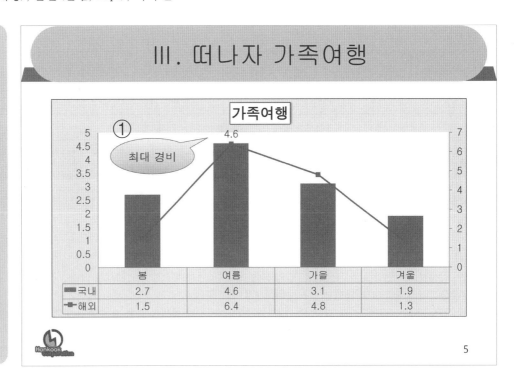

(1) 슬라이드와 같이 도형 및 스마트아트를 배치한다(글꼴 : 굴림, 18pt).
(2) 애니메이션 순서 : ① ⇒ ②

세부조건

① 도형 및 스마트아트 편집
- 스마트아트 디자인 :
  3차원 경사, 3차원 만화
- 그룹화 후 애니메이션 효과 :
  나누기(세로 안쪽으로)

② 도형 편집
- 그룹화 후 애니메이션 효과 :
  시계 방향 회전

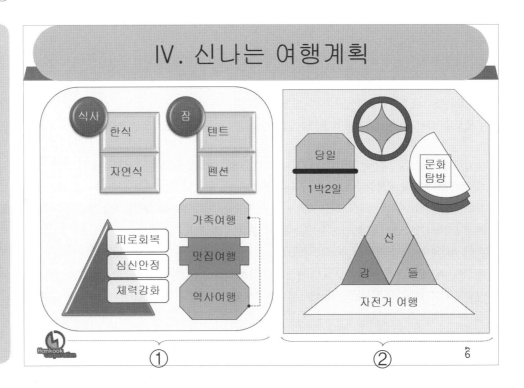

과목	코드	문제유형	시험시간	수험번호	성 명
파워포인트	1142	A	60분	10687001	

수 험 자 유 의 사 항

◎ 수험자는 문제지를 받는 즉시 문제지와 **수험표상의 시험과목(프로그램)이 동일한지 반드시 확인**하여야 합니다.

◎ 파일명은 본인의 "수험번호-성명"으로 입력하여 답안폴더(내 PC\문서\ITQ)에 하나의 파일로 저장해야 하며, 답안문서 파일명이 "수험번호-성명"과 일치하지 않거나, 답안파일을 전송하지 않아 미제출로 처리될 경우 실격 처리합니다 (예 : 12345678-홍길동.pptx).

◎ 답안 작성을 마치면 파일을 저장하고, '답안 전송' 버튼을 선택하여 감독위원 PC로 답안을 전송하십시오. 수험생 정보와 저장한 파일명이 다를 경우 전송되지 않으므로 주의하시기 바랍니다.

◎ 답안 작성 중에도 **주기적으로 저장하고 '답안 전송'**하여야 문제 발생을 줄일 수 있습니다. 작업한 내용을 저장하지 않고 전송할 경우 이전에 저장된 내용이 전송되오니 이점 유의하시기 바랍니다.

◎ 답안문서는 지정된 경로 외의 다른 보조기억장치에 저장하는 경우, 지정된 시험 시간 외에 작성된 파일을 활용할 경우, 기타 통신 수단(이메일, 메신저, 네트워크 등)을 이용하여 타인에게 전달 또는 외부 반출하는 경우는 부정 처리합니다.

◎ 시험 중 부주의 또는 고의로 시스템을 파손한 경우는 수험자가 변상해야 하며, <수험자 유의사항>에 기재된 방법대로 이행하지 않아 생기는 불이익은 수험생 당사자의 책임임을 알려 드립니다.

◎ 문제의 조건은 MS오피스 2016 버전으로 설정되어 있으니 유의하시기 바랍니다.

◎ 시험을 완료한 수험자는 답안파일이 전송되었는지 확인한 후 감독위원의 지시에 따라 문제지를 제출하고 퇴실합니다.

답 안 작 성 요 령

◎ 온라인 답안 작성 절차
   수험자 등록 ⇒ 시험 시작 ⇒ 답안파일 저장 ⇒ 답안 전송 ⇒ 시험 종료

◎ 슬라이드 크기는 A4 Paper로 설정하여 작성합니다.

◎ 슬라이드의 총 개수는 6개로 구성되어 있으며 슬라이드 1부터 순서대로 작업하고 반드시 문제와 세부조건대로 합니다.

◎ 별도의 지시사항이 없는 경우 출력형태를 참조하여 글꼴색은 검정 또는 흰색으로 작성하고, 기타사항은 전체적인 균형을 고려하여 작성합니다.

◎ 슬라이드 도형 및 개체에 출력형태와 다른 스타일(그림자, 외곽선 등)을 적용했을 경우 감점처리 됩니다.

◎ 슬라이드 번호를 작성합니다(슬라이드 1에는 생략).

◎ 2~6번 슬라이드 제목 도형과 하단 로고는 슬라이드 마스터를 이용하여 출력형태와 동일하게 작성합니다(슬라이드 1에는 생략).

◎ 문제와 세부조건, 세부조건 번호 ◌ (점선원)는 입력하지 않습니다.

◎ 각 객체의 위치는 오른쪽의 슬라이드와 동일하게 구성합니다.

◎ 그림 삽입 문제의 경우 반드시 「내 PC\문서\ITQ\Picture」 폴더에서 정확한 파일을 선택하여 삽입하십시오.

◎ 각 슬라이드를 각각의 파일로 작업해서 저장할 경우 실격 처리됩니다.

(1) 슬라이드 크기 및 순서 : 크기를 A4 용지로 설정하고 슬라이드 순서에 맞게 작성한다.
(2) 슬라이드 마스터 : 2~6슬라이드의 제목, 하단 로고, 슬라이드 번호는 슬라이드 마스터를 이용하여 작성한다.
     – 제목 글꼴(굴림, 40pt, 검정), 가운데 맞춤, 도형(선 없음)
     – 하단 로고(「내 PC₩문서₩ITQ₩Picture₩로고1.jpg」, 배경(회색) 투명색으로 설정)

슬라이드 1   표지 디자인   40점

(1) 표지 디자인 : 도형, 워드아트 및 그림을 이용하여 작성한다.

세부조건

① 도형 편집
- 도형에 그림 채우기 :
  「내 PC₩문서₩ITQ₩Picture
  ₩그림3.jpg」, 투명도 50%
- 도형 효과 :
  (부드러운 가장자리 10포인트)

② 워드아트 삽입
- 변환 : 위로 기울기
- 글꼴 : 돋움, 굵게
- 반사 : 전체 반사, 터치

③ 그림 삽입
- 「내 PC₩문서₩ITQ₩Picture₩
  로고1.jpg」
- 배경(회색) 투명색으로 설정

슬라이드 2   목차 슬라이드   60점

(1) 출력형태와 같이 도형을 이용하여 목차를 작성한다(글꼴 : 굴림, 24pt).
(2) 도형 : 선 없음

세부조건

① 텍스트에 하이퍼링크 적용
→ '슬라이드 4'

② 그림 삽입
- 「내 PC₩문서₩ITQ₩Picture
  ₩그림5.jpg」
- 자르기 기능 이용

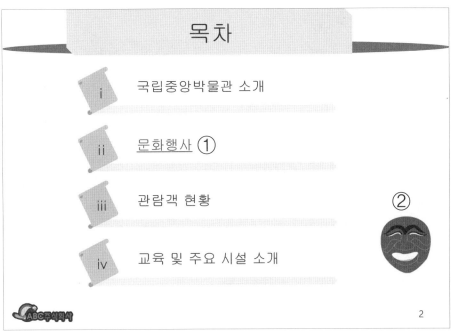

(1) 텍스트 작성 : 글머리 기호 사용(❖, ✓)
　　❖ 문단(굴림, 24pt, 굵게, 줄간격 : 1.5줄), ✓ 문단(굴림, 20pt, 줄간격 : 1.5줄)

세부조건

① 동영상 삽입 :
– 「내 PC₩문서₩ITQ₩Picture
　₩동영상. wmv」
– 자동실행, 반복재생 설정

ⅰ. 국립중앙박물관 소개

❖ **National Museum of Korea**

　✓ The Children's Museum in the National Museum of Korea is an
　　archeological museum

　✓ You may actually touch relics made identical to the real relics
　　housed in the National Museum of Korea

❖ **개요**

　✓ 조선총독부박물관을 인수하여 1945년 12월 3일 개관

　✓ 한국의 전통적 건축정신을 현대적으로 재해석

　✓ 우리 문화재가 최적의 환경에서 안전하게 보존될 수 있
　　도록 22개의 수장고를 운영

3

---

(1) 출력형태와 같이 도형을 이용하여 목차를 작성한다(글꼴 : 돋움, 18pt).

세부조건

① 상단 도형 :
　2개 도형의 조합으로 작성

② 좌측 도형 :
　그라데이션 효과(선형 아래쪽)

③ 표 스타일 :
　테마 스타일 1 – 강조 6

ⅱ. 문화행사

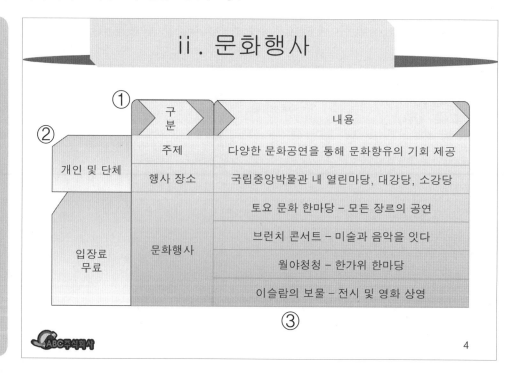

구분		내용
개인 및 단체	주제	다양한 문화공연을 통해 문화향유의 기회 제공
	행사 장소	국립중앙박물관 내 열린마당, 대강당, 소강당
입장료 무료	문화행사	토요 문화 한마당 – 모든 장르의 공연
		브런치 콘서트 – 미술과 음악을 잇다
		월야청청 – 한가위 한마당
		이슬람의 보물 – 전시 및 영화 상영

4

(1) 차트 작성 기능을 이용하여 슬라이드를 작성한다.
(2) 차트 : 종류(묶은 세로 막대형), 글꼴(굴림, 16pt), 외곽선

세부조건

※ 차트설명
· 차트제목 : 궁서, 24pt, 굵게,
  채우기(흰색), 테두리,
  그림자(오프셋 위쪽)
· 차트영역 : 채우기(노랑)
  그림영역 : 채우기(흰색)
· 데이터 서식 : '여자' 계열을
  표식이 있는 꺾은선형으로 변경
  후 보조 축으로 지정
· 값표시 : '여자' 계열만
· 데이터 테이블 표시

① 도형 삽입
- 스타일 :
  미세효과 – 파랑, 강조1
- 글꼴 : 굴림, 18pt

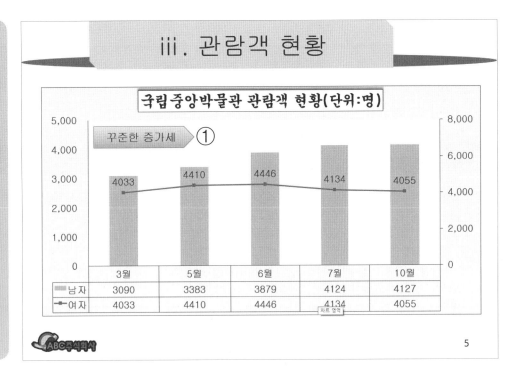

(1) 출력형태와 같이 도형을 이용하여 목차를 작성한다(글꼴 : 굴림, 18pt).
(2) 애니메이션 순서 : ① ⇒ ②

세부조건

① 도형 및 스마트아트 편집
- 스마트아트 디자인 : 3차원
  만화, 3차원 벽돌
- 그룹화 후 애니메이션 효과 :
  시계 방향 회전

② 도형 편집
그룹화 후 애니메이션 효과 :
바운드

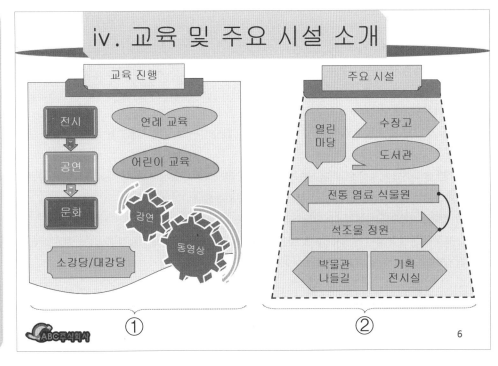

8회 기출유형 모의고사

과목	코드	문제유형	시험시간	수험번호	성 명
파워포인트	1142	A	60분	60417010	

수 험 자 유 의 사 항

- 수험자는 문제지를 받는 즉시 문제지와 **수험표상의 시험과목(프로그램)이 동일한지 반드시 확인**하여야 합니다.
- 파일명은 본인의 "수험번호-성명"으로 입력하여 답안폴더(내 PC\문서\ITQ)에 하나의 파일로 저장해야 하며, 답안문서 파일명이 "수험번호-성명"과 일치하지 않거나, 답안파일을 전송하지 않아 미제출로 처리될 경우 실격 처리합니다 (예 : 12345678-홍길동.pptx).
- 답안 작성을 마치면 파일을 저장하고, '답안 전송' 버튼을 선택하여 감독위원 PC로 답안을 전송하십시오. 수험생 정보와 저장한 파일명이 다를 경우 전송되지 않으므로 주의하시기 바랍니다.
- 답안 작성 중에도 **주기적으로 저장하고 '답안 전송'**하여야 문제 발생을 줄일 수 있습니다. 작업한 내용을 저장하지 않고 전송할 경우 이전에 저장된 내용이 전송되오니 이점 유의하시기 바랍니다.
- 답안문서는 지정된 경로 외의 다른 보조기억장치에 저장하는 경우, 지정된 시험 시간 외에 작성된 파일을 활용할 경우, 기타 통신 수단(이메일, 메신저, 네트워크 등)을 이용하여 타인에게 전달 또는 외부 반출하는 경우는 부정 처리합니다.
- 시험 중 부주의 또는 고의로 시스템을 파손한 경우는 수험자가 변상해야 하며, 〈수험자 유의사항〉에 기재된 방법대로 이행하지 않아 생기는 불이익은 수험생 당사자의 책임임을 알려 드립니다.
- 문제의 조건은 MS오피스 2016 버전으로 설정되어 있으니 유의하시기 바랍니다.
- 시험을 완료한 수험자는 답안파일이 전송되었는지 확인한 후 감독위원의 지시에 따라 문제지를 제출하고 퇴실합니다.

답 안 작 성 요 령

- 온라인 답안 작성 절차
  수험자 등록 ⇒ 시험 시작 ⇒ 답안파일 저장 ⇒ 답안 전송 ⇒ 시험 종료
- 슬라이드 크기는 A4 Paper로 설정하여 작성합니다.
- 슬라이드의 총 개수는 6개로 구성되어 있으며 슬라이드 1부터 순서대로 작업하고 반드시 문제와 세부조건대로 합니다.
- 별도의 지시사항이 없는 경우 출력형태를 참조하여 글꼴색은 검정 또는 흰색으로 작성하고, 기타사항은 전체적인 균형을 고려하여 작성합니다.
- 슬라이드 도형 및 개체에 출력형태와 다른 스타일(그림자, 외곽선 등)을 적용했을 경우 감점처리 됩니다.
- 슬라이드 번호를 작성합니다(슬라이드 1에는 생략).
- 2~6번 슬라이드 제목 도형과 하단 로고는 슬라이드 마스터를 이용하여 출력형태와 동일하게 작성합니다(슬라이드 1에는 생략).
- 문제와 세부조건, 세부조건 번호 ◌ (점선원)는 입력하지 않습니다.
- 각 객체의 위치는 오른쪽의 슬라이드와 동일하게 구성합니다.
- 그림 삽입 문제의 경우 반드시 「내 PC\문서\ITQ\Picture」 폴더에서 정확한 파일을 선택하여 삽입하십시오.
- 각 슬라이드를 각각의 파일로 작업해서 저장할 경우 실격 처리됩니다.

(1) 슬라이드 크기 및 순서 : 크기를 A4 용지로 설정하고 슬라이드 순서에 맞게 작성한다.
(2) 슬라이드 마스터 : 2~6슬라이드의 제목, 하단 로고, 슬라이드 번호는 슬라이드 마스터를 이용하여 작성한다.
　　 – 제목 글꼴(굴림, 40pt, 흰색), 가운데 맞춤, 도형(선 없음)
　　 – 하단 로고(「내 PC₩문서₩ITQ₩Picture₩로고3.jpg」, 배경(연보라) 투명색으로 설정)

슬라이드 1   표지 디자인   40점

(1) 표지 디자인 : 도형, 워드아트 및 그림을 이용하여 작성한다.

세부조건

① 도형 편집
– 도형에 그림 채우기 :
　「내 PC₩문서₩ITQ₩Picture
　₩그림2.jpg」, 투명도 50%
– 도형 효과 :
　(부드러운 가장자리 5pt)

② 워드아트 삽입
– 변환 : 물결1
– 글꼴 : 굴림, 굵게
– 반사 : 근접 반사, 터치

③ 그림 삽입
– 「내 PC₩문서₩ITQ₩Picture
　₩로고3.jpg」
– 배경(연보라) 투명색으로 설정

슬라이드 2   목차 슬라이드   60점

(1) 출력형태와 같이 도형을 이용하여 목차를 작성한다(글꼴 : 돋움, 24pt).
(2) 도형 : 선 없음

세부조건

① 텍스트에 하이퍼링크 적용
→ '슬라이드 5'

② 그림 삽입
– 「내 PC₩문서₩ITQ₩Picture
　₩그림4.jpg」
– 자르기 기능 이용

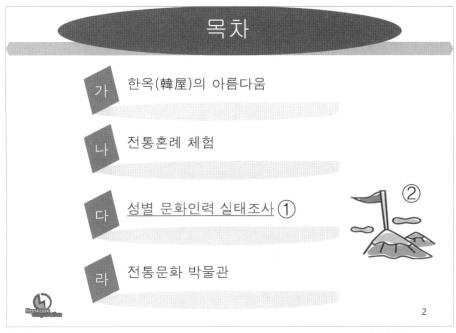

(1) 텍스트 작성 : 글머리 기호 사용(✓, ■)

　✓문단(굴림, 24pt, 굵게, 줄간격 : 1.5줄), ■문단(굴림, 20pt, 줄간격 : 1.5줄)

세부조건

① 동영상 삽입 :
- 「내 PC₩문서₩ITQ₩Picture ₩동영상. wmv」
- 자동실행, 반복재생 설정

가. 한옥(韓屋)의 아름다움

✓ Traditional Korea-style house

- Lines and planes make simple but powerful and elegant beauty
- Buildings are unsymmetrical, atypical and their colours are natural so that they look unexaggerated

①

✓ 한옥의 종류

- 기와집 : 지붕 재료인 기와는 진흙으로 빚어 불에 구운 일종의 도기
- 초가집 : 볏짚은 여름철 햇볕을 감소시키고, 겨울철 집안 온기가 밖으로 빠져 나가는 것을 막아줌

3

(1) 도형과 표 작성 기능을 이용하여 슬라이드를 작성한다(글꼴 : 굴림, 18pt).

세부조건

① 상단 도형 :
　2개 도형의 조합으로 작성

② 좌측 도형 :
　그라데이션 효과(선형 아래쪽)

③ 표 스타일 :
　테마 스타일 1 - 강조 3

나. 전통혼례 체험

②

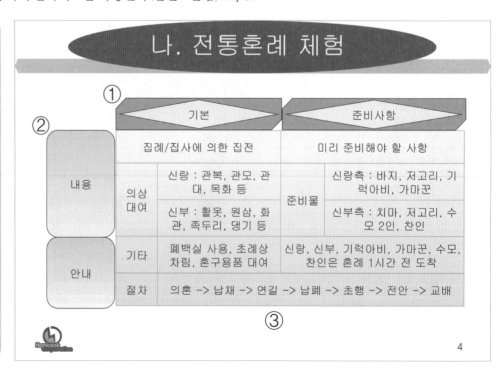

①	기본		준비사항	
	집례/집사에 의한 집전		미리 준비해야 할 사항	
내용	의상 대여	신랑 : 관복, 관모, 관대, 목화 등	준비물	신랑측 : 바지, 저고리, 기럭아비, 가마꾼
		신부 : 활옷, 원삼, 화관, 족두리, 댕기 등		신부측 : 치마, 저고리, 수모 2인, 찬인
안내	기타	폐백실 사용, 초례상 차림, 혼구용품 대여	신랑, 신부, 기럭아비, 가마꾼, 수모, 찬인은 혼례 1시간 전 도착	
	절차	의혼 -> 납채 -> 연길 -> 납폐 -> 초행 -> 전안 -> 교배		

③

4

차트 슬라이드

(1) 차트 작성 기능을 이용하여 슬라이드를 작성한다.
(2) 차트 : 종류(묶은 세로 막대형), 글꼴(돋움, 16pt), 외곽선

세부조건

※ 차트설명
· 차트제목 : 궁서, 24pt, 굵게,
  채우기(흰색), 테두리,
  그림자(오프셋 오른쪽)
· 차트영역 : 채우기(노랑)
  그림영역 : 채우기(흰색)
· 데이터 서식 : '여자' 계열을
  표식이 있는 꺾은선형으로 변경
  후 보조축 으로 지정
· 값표시 : 50대 남자 계열만
· 데이터 테이블 표시

① 도형 삽입
- 스타일 :
  미세효과 – 파랑, 강조1
- 글꼴 : 굴림, 18pt

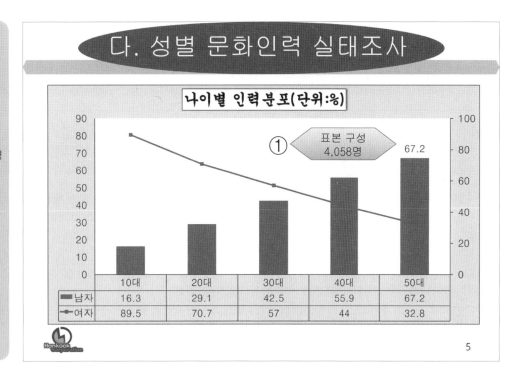

도형 슬라이드

(1) 슬라이드와 같이 도형 및 스마트아트를 배치한다(글꼴 : 굴림, 18pt).
(2) 애니메이션 순서 : ① ⇒ ②

세부조건

① 도형 편집
그룹화 후 애니메이션 효과 :
확대/축소

② 도형 및 스마트아트 편집
- 스마트아트 디자인 :
  3차원 벽돌, 3차원 경사
- 그룹화 후 애니메이션 효과 :
  실선 무늬(가로)

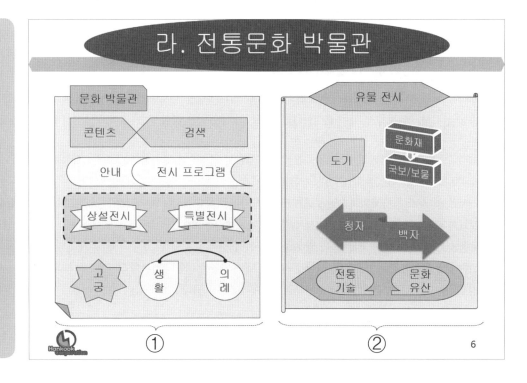

과목	코드	문제유형	시험시간	수험번호	성 명
파워포인트	1142	A	60분	14007006	

수 험 자 유 의 사 항

● 수험자는 문제지를 받는 즉시 문제지와 **수험표상의 시험과목(프로그램)이 동일한지 반드시 확인**하여야 합니다.

● 파일명은 본인의 "수험번호-성명"으로 입력하여 답안폴더(내 PC₩문서₩ITQ)에 하나의 파일로 저장해야 하며, 답안문서 파일명이 "수험번호-성명"과 일치하지 않거나, 답안파일을 전송하지 않아 미제출로 처리될 경우 실격 처리합니다 (예 : 12345678-홍길동.pptx).

● 답안 작성을 마치면 파일을 저장하고, '답안 전송' 버튼을 선택하여 감독위원 PC로 답안을 전송하십시오. 수험생 정보와 저장한 파일명이 다를 경우 전송되지 않으므로 주의하시기 바랍니다.

● 답안 작성 중에도 **주기적으로 저장하고 '답안 전송'**하여야 문제 발생을 줄일 수 있습니다. 작업한 내용을 저장하지 않고 전송할 경우 이전에 저장된 내용이 전송되오니 이점 유의하시기 바랍니다.

● 답안문서는 지정된 경로 외의 다른 보조기억장치에 저장하는 경우, 지정된 시험 시간 외에 작성된 파일을 활용할 경우, 기타 통신 수단(이메일, 메신저, 네트워크 등)을 이용하여 타인에게 전달 또는 외부 반출하는 경우는 부정 처리합니다.

● 시험 중 부주의 또는 고의로 시스템을 파손한 경우는 수험자가 변상해야 하며, 〈수험자 유의사항〉에 기재된 방법대로 이행하지 않아 생기는 불이익은 수험생 당사자의 책임임을 알려 드립니다.

● 문제의 조건은 MS오피스 2016 버전으로 설정되어 있으니 유의하시기 바랍니다.

● 시험을 완료한 수험자는 답안파일이 전송되었는지 확인한 후 감독위원의 지시에 따라 문제지를 제출하고 퇴실합니다.

답 안 작 성 요 령

● 온라인 답안 작성 절차
　수험자 등록 ⇒ 시험 시작 ⇒ 답안파일 저장 ⇒ 답안 전송 ⇒ 시험 종료

● 슬라이드 크기는 A4 Paper로 설정하여 작성합니다.

● 슬라이드의 총 개수는 6개로 구성되어 있으며 슬라이드 1부터 순서대로 작업하고 반드시 문제와 세부조건대로 합니다.

● 별도의 지시사항이 없는 경우 출력형태를 참조하여 글꼴색은 검정 또는 흰색으로 작성하고, 기타사항은 전체적인 균형을 고려하여 작성합니다.

● 슬라이드 도형 및 개체에 출력형태와 다른 스타일(그림자, 외곽선 등)을 적용했을 경우 감점처리 됩니다.

● 슬라이드 번호를 작성합니다(슬라이드 1에는 생략).

● 2~6번 슬라이드 제목 도형과 하단 로고는 슬라이드 마스터를 이용하여 출력형태와 동일하게 작성합니다(슬라이드 1에는 생략).

● 문제와 세부조건, 세부조건 번호 ○ (점선원)는 입력하지 않습니다.

● 각 객체의 위치는 오른쪽의 슬라이드와 동일하게 구성합니다.

● 그림 삽입 문제의 경우 반드시 「내 PC₩문서₩ITQ₩Picture」 폴더에서 정확한 파일을 선택하여 삽입하십시오.

● 각 슬라이드를 각각의 파일로 작업해서 저장할 경우 실격 처리됩니다.

The Insight KPC
kpc 한국생산성본부

(1) 슬라이드 크기 및 순서 : 크기를 A4 용지로 설정하고 슬라이드 순서에 맞게 작성한다.
(2) 슬라이드 마스터 : 2~6슬라이드의 제목, 하단 로고, 슬라이드 번호는 슬라이드 마스터를 이용하여 작성한다.
　　- 제목 글꼴(굴림, 40pt, 흰색), 왼쪽 맞춤, 도형(선 없음)
　　- 하단 로고(「내 PC₩문서₩ITQ₩Picture₩로고2.jpg」, 배경(회색) 투명색으로 설정)

슬라이드 1　　　　**표지 디자인**　　　　　　　　　　　　　　40점

(1) 표지 디자인 : 도형, 워드아트 및 그림을 이용하여 작성한다.

세부조건

① 도형 편집
- 도형에 그림 채우기 :
　「내 PC₩문서₩ITQ₩Picture
　₩그림2.jpg」, 투명도 50%
- 도형 효과 :
　(부드러운 가장자리 5포인트)

② 워드아트 삽입
- 변환 : 삼각형
- 글꼴 : 돋움, 굵게
- 텍스트 반사 : 전체 반사,
　4 pt 오프셋

③ 그림 삽입
- 「내 PC₩문서₩ITQ₩Picture
　₩로고2.jpg」
- 배경(회색) 투명색으로 설정

슬라이드 2　　　　**목차 슬라이드**　　　　　　　　　　　　60점

(1) 출력형태와 같이 도형을 이용하여 목차를 작성한다(글꼴 : 굴림, 24pt).
(2) 도형 : 선 없음

세부조건

① 텍스트에 하이퍼링크 적용
→ '슬라이드 4'

② 그림 삽입
- 「내 PC₩문서₩ITQ₩Picture
　₩그림5.jpg」
- 자르기 기능 이용

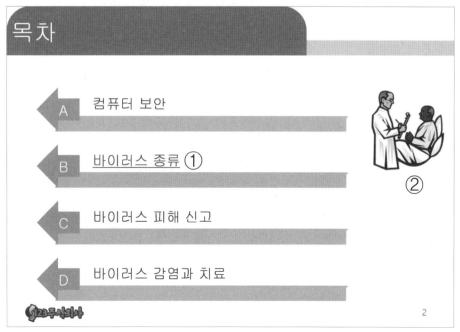

(1) 텍스트 작성 : 글머리 기호 사용(❑, ❖)
　　❑문단(돋움, 24pt, 굵게, 줄간격 : 1.5줄), ❖문단(돋움, 20pt, 줄간격 : 1.5줄)

세부조건

① 동영상 삽입 :
– 「내 PC₩문서₩ITQ₩Picture ₩동영상.wmv」
– 자동실행, 반복재생 설정

A. 컴퓨터 보안

❑ **Prevent Computer Viruses**
　❖ Use monitoring and prepare recovery discs
　❖ Always use sites you can trust when downloading files

❑ **컴퓨터 백신과 바이러스**
　❖ 컴퓨터 바이러스는 자가증식, 자가복제 가능한 컴퓨터 프로그램으로 다양한 형태의 부작용을 일으킴
　❖ 컴퓨터 바이러스는 주기적으로 점검하여 없애야 합니다.

3

(1) 도형과 표 작성 기능을 이용하여 슬라이드를 작성한다(글꼴 : 돋움, 18pt).

세부조건

① 상단 도형 :
　2개 도형의 조합으로 작성

② 좌측 도형 :
　그라데이션 효과(방사형 왼쪽 아래 모서리에서)

③ 표 스타일 :
　테마 스타일 1 – 강조 1

B. 바이러스 종류

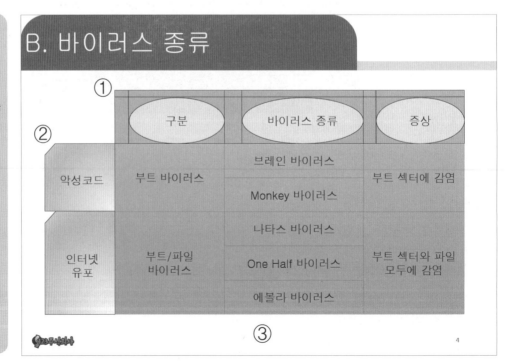

구분	바이러스 종류	증상
악성코드	부트 바이러스	브레인 바이러스	부트 섹터에 감염
		Monkey 바이러스	
인터넷 유포	부트/파일 바이러스	나타스 바이러스	부트 섹터와 파일 모두에 감염
		One Half 바이러스	
		에볼라 바이러스	

4

(1) 차트 작성 기능을 이용하여 슬라이드를 작성한다.
(2) 차트 : 종류(묶은 세로 막대형), 글꼴(굴림, 16pt), 외곽선

세부조건

※ 차트설명
· 차트제목 : 돋움, 24pt, 굵게,
  채우기(흰색), 테두리,
  그림자(오프셋 오른쪽)
· 차트영역 : 채우기(노랑)
  그림영역 : 채우기(흰색)
· 데이터 서식 : 개인 계열을
  표식이 있는 꺾은선형으로
  변경 후 보조축으로 지정
· 값 표시 : 서울의 개인 계열만

① 도형 삽입
– 스타일 :
  미세효과 – 파랑, 강조1
– 글꼴 : 돋움, 18pt

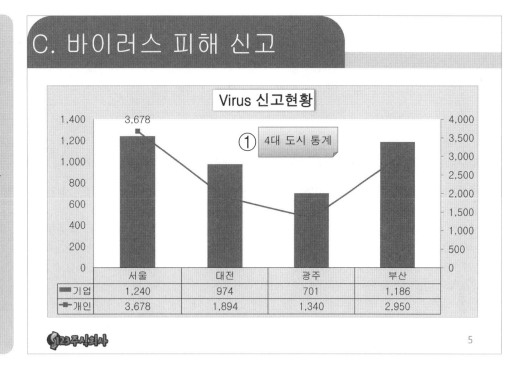

(1) 슬라이드와 같이 도형 및 스마트아트를 배치한다(글꼴 : 굴림, 18pt).
(2) 애니메이션 순서 : ① ⇒ ②

세부조건

① 도형 및 스마트아트 편집
– 스마트아트 디자인 : 3
  차원 광택처리, 3차원 벽돌
– 그룹화 후 애니메이션 효과 :
  회전하며 밝기 변화

② 도형 편집
– 그룹화 후 애니메이션 효과 :
  도형(원형, 안쪽)

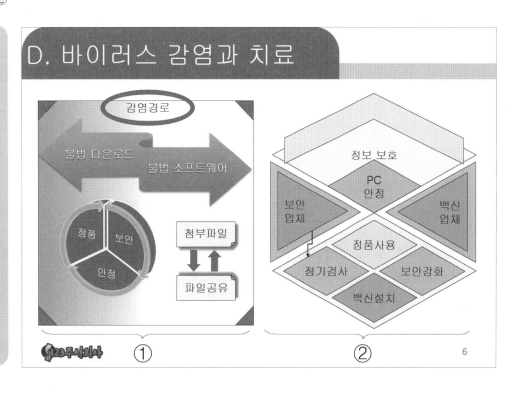

10회 기출유형 모의고사

| 무료 동영상 |

과목	코드	문제유형	시험시간	수험번호	성 명
파워포인트	1142	A	60분	59217008	

수 험 자 유 의 사 항

- 수험자는 문제지를 받는 즉시 문제지와 **수험표상의 시험과목(프로그램)이 동일한지 반드시 확인**하여야 합니다.
- 파일명은 본인의 "수험번호-성명"으로 입력하여 답안폴더(내 PC\문서\ITQ)에 하나의 파일로 저장해야 하며, 답안문서 파일명이 "수험번호-성명"과 일치하지 않거나, 답안파일을 전송하지 않아 미제출로 처리될 경우 실격 처리합니다 (예 : 12345678-홍길동.pptx).
- 답안 작성을 마치면 파일을 저장하고, '답안 전송' 버튼을 선택하여 감독위원 PC로 답안을 전송하십시오. 수험생 정보와 저장한 파일명이 다를 경우 전송되지 않으므로 주의하시기 바랍니다.
- 답안 작성 중에도 **주기적으로 저장하고 '답안 전송'**하여야 문제 발생을 줄일 수 있습니다. 작업한 내용을 저장하지 않고 전송할 경우 이전에 저장된 내용이 전송되오니 이점 유의하시기 바랍니다.
- 답안문서는 지정된 경로 외의 다른 보조기억장치에 저장하는 경우, 지정된 시험 시간 외에 작성된 파일을 활용할 경우, 기타 통신 수단(이메일, 메신저, 네트워크 등)을 이용하여 타인에게 전달 또는 외부 반출하는 경우는 부정 처리합니다.
- 시험 중 부주의 또는 고의로 시스템을 파손한 경우는 수험자가 변상해야 하며, <수험자 유의사항>에 기재된 방법대로 이행하지 않아 생기는 불이익은 수험생 당사자의 책임임을 알려 드립니다.
- 문제의 조건은 MS오피스 2016 버전으로 설정되어 있으니 유의하시기 바랍니다.
- 시험을 완료한 수험자는 답안파일이 전송되었는지 확인한 후 감독위원의 지시에 따라 문제지를 제출하고 퇴실합니다.

답 안 작 성 요 령

- 온라인 답안 작성 절차
  수험자 등록 ⇒ 시험 시작 ⇒ 답안파일 저장 ⇒ 답안 전송 ⇒ 시험 종료
- 슬라이드 크기는 A4 Paper로 설정하여 작성합니다.
- 슬라이드의 총 개수는 6개로 구성되어 있으며 슬라이드 1부터 순서대로 작업하고 반드시 문제와 세부조건대로 합니다.
- 별도의 지시사항이 없는 경우 출력형태를 참조하여 글꼴색은 검정 또는 흰색으로 작성하고, 기타사항은 전체적인 균형을 고려하여 작성합니다.
- 슬라이드 도형 및 개체에 출력형태와 다른 스타일(그림자, 외곽선 등)을 적용했을 경우 감점처리 됩니다.
- 슬라이드 번호를 작성합니다(슬라이드 1에는 생략).
- 2~6번 슬라이드 제목 도형과 하단 로고는 슬라이드 마스터를 이용하여 출력형태와 동일하게 작성합니다(슬라이드 1에는 생략).
- 문제와 세부조건, 세부조건 번호 ◌ (점선원)는 입력하지 않습니다.
- 각 객체의 위치는 오른쪽의 슬라이드와 동일하게 구성합니다.
- 그림 삽입 문제의 경우 반드시 「내 PC\문서\ITQ\Picture」 폴더에서 정확한 파일을 선택하여 삽입하십시오.
- 각 슬라이드를 각각의 파일로 작업해서 저장할 경우 실격 처리됩니다.

The Insight KPC
kpc 한국생산성본부

(1) 슬라이드 크기 및 순서 : 크기를 A4 용지로 설정하고 슬라이드 순서에 맞게 작성한다.
(2) 슬라이드 마스터 : 2~6슬라이드의 제목, 하단 로고, 슬라이드 번호는 슬라이드 마스터를 이용하여 작성한다.
     – 제목 글꼴(돋움, 40pt, 검정), 가운데 맞춤, 도형(선 없음)
     – 하단 로고(「내 PC₩문서₩ITQ₩Picture₩로고1.jpg」, 배경(회색) 투명색으로 설정)

슬라이드 1   표지 디자인   40점

(1) 표지 디자인 : 도형, 워드아트 및 그림을 이용하여 작성한다.

세부조건

① 도형 편집
– 도형에 그림 채우기 :
「내 PC₩문서₩ITQ₩Picture
₩그림3.jpg」, 투명도 50%
– 도형 효과 :
(부드러운 가장자리 5포인트)

② 워드아트 삽입
– 변환 : 위쪽 수축
– 글꼴 : 굴림, 굵게
– 텍스트 반사 : 근접 반사,
4 pt 오프셋

③ 그림 삽입
– 「내 PC₩문서₩ITQ₩Picture
₩로고1.jpg」
– 배경(회색) 투명색으로 설정

슬라이드 2   목차 슬라이드   60점

(1) 출력형태와 같이 도형을 이용하여 목차를 작성한다(글꼴 : 돋움, 24pt).
(2) 도형 : 선 없음

세부조건

① 텍스트에 하이퍼링크 적용
→ '슬라이드 5'

② 그림 삽입
– 「내 PC₩문서₩ITQ₩Picture
₩그림4.jpg」
– 자르기 기능 이용

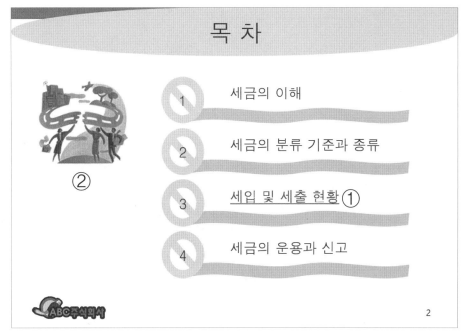

(1) 텍스트 작성 : 글머리 기호 사용(❖, ➢)
　　❖문단(굴림, 24pt, 굵게, 줄간격 : 1.5줄), ➢문단(굴림, 20pt, 줄간격 : 1.5줄)

세부조건

① 동영상 삽입 :
– 「내 PC₩문서₩ITQ₩Picture
　₩동영상.wmv」
– 자동실행, 반복재생 설정

---

1. 세금의 이해

❖ **Withholding tax**
　➢ Interest income : 14~30%
　➢ Dividend income : 14%
　➢ Business income

❖ **세금이란?**
　➢ 국가 또는 지방자치단체가 필요한 경비로 사용하기 위하여 국민이나
　　주민으로부터 거두어들이는 금전
　➢ 국세와 지방세 → 내국세와 관세 → 보통세와 목적세

ABC중식회사　　　　　　　　　　　　3

---

(1) 도형과 표 작성 기능을 이용하여 슬라이드를 작성한다(글꼴 : 굴림, 18pt).

세부조건

① 상단 도형 :
　2개 도형의 조합으로 작성

② 좌측 도형 :
　그라데이션 효과(선형 아래쪽)

③ 표 스타일 :
　테마 스타일 1 – 강조 6

---

2. 세금의 분류 기준과 종류

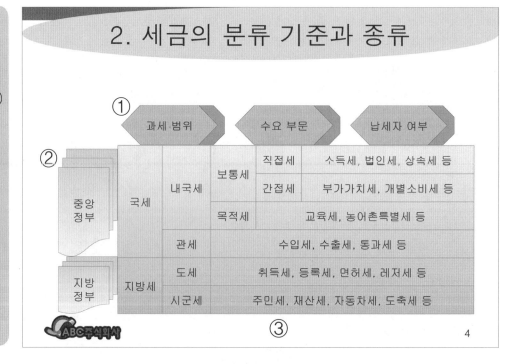

		과세 범위		수요 부문	납세자 여부
중앙 정부	국세	내국세	보통세	직접세	소득세, 법인세, 상속세 등
				간접세	부가가치세, 개별소비세 등
			목적세		교육세, 농어촌특별세 등
		관세			수입세, 수출세, 통과세 등
지방 정부	지방세	도세			취득세, 등록세, 면허세, 레저세 등
		시군세			주민세, 재산세, 자동차세, 도축세 등

ABC중식회사　　　　　　　　　　　　4

(1) 차트 작성 기능을 이용하여 슬라이드를 작성한다.
(2) 차트 : 종류(묶은 세로 막대형), 글꼴(돋움, 16pt), 외곽선

세부조건

※ 차트설명
· 차트제목 : 굴림, 24pt, 굵게,
　채우기(흰색), 테두리,
　그림자(오프셋 아래쪽)
· 차트영역 : 채우기(노랑)
　그림영역 : 채우기(흰색)
· 데이터 서식 : 세출 계열을
　표식이 있는 꺾은선형으로
　변경 후 보조축으로 지정
· 값 표시 : 2021년의 세출
　계열만

① 도형 삽입
– 스타일 :
　미세효과 – 파랑, 강조1
– 글꼴 : 돋움, 18pt

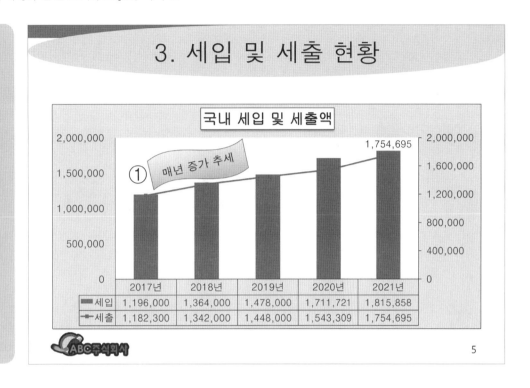

(1) 슬라이드와 같이 도형 및 스마트아트를 배치한다(글꼴 : 굴림, 18pt).
(2) 애니메이션 순서 : ① ⇒ ②

세부조건

① 도형 및 스마트아트 편집
– 스마트아트 디자인 :
　3차원 만화, 3차원 광택처리
– 그룹화 후 애니메이션 효과 :
　올라오기(떠오르며 올라오기)

② 도형 편집
– 그룹화 후 애니메이션 효과 :
　확대/축소

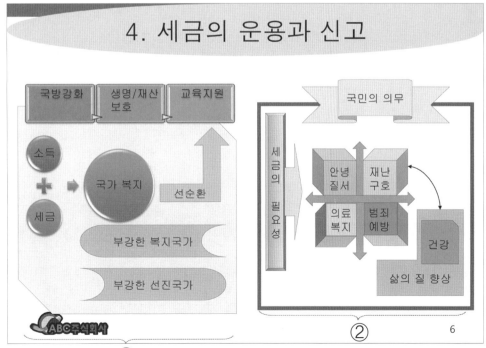

MEMO

PART 3

기출문제

기출문제를 풀어봄으로써 최근 출제경향을 파악하고
수검자의 실력을 확인하도록 합니다.

※정답 파일과 동영상 강의는 [자료실]에서 다운로드하세요.

기출문제

과목	코드	문제유형	시험시간	수험번호	성 명
파워포인트	1142	A	60분	23717022	

수 험 자 유 의 사 항

● 수험자는 문제지를 받는 즉시 문제지와 **수험표상의 시험과목(프로그램)이 동일한지 반드시 확인**하여야 합니다.

● 파일명은 본인의 "수험번호-성명"으로 입력하여 답안폴더(내 PC₩문서₩ITQ)에 하나의 파일로 저장해야 하며, 답안문서 파일명이 "수험번호-성명"과 일치하지 않거나, 답안파일을 전송하지 않아 미제출로 처리될 경우 실격 처리합니다 (예 : 12345678-홍길동.pptx).

● 답안 작성을 마치면 파일을 저장하고, '답안 전송' 버튼을 선택하여 감독위원 PC로 답안을 전송하십시오. 수험생 정보와 저장한 파일명이 다를 경우 전송되지 않으므로 주의하시기 바랍니다.

● 답안 작성 중에도 **주기적으로 저장하고 '답안 전송'**하여야 문제 발생을 줄일 수 있습니다. 작업한 내용을 저장하지 않고 전송할 경우 이전에 저장된 내용이 전송되오니 이점 유의하시기 바랍니다.

● 답안문서는 지정된 경로 외의 다른 보조기억장치에 저장하는 경우, 지정된 시험 시간 외에 작성된 파일을 활용할 경우, 기타 통신 수단(이메일, 메신저, 네트워크 등)을 이용하여 타인에게 전달 또는 외부 반출하는 경우는 부정 처리합니다.

● 시험 중 부주의 또는 고의로 시스템을 파손한 경우는 수험자가 변상해야 하며, 〈수험자 유의사항〉에 기재된 방법대로 이행하지 않아 생기는 불이익은 수험생 당사자의 책임임을 알려 드립니다.

● 문제의 조건은 MS오피스 2016 버전으로 설정되어 있으니 유의하시기 바랍니다.

● 시험을 완료한 수험자는 답안파일이 전송되었는지 확인한 후 감독위원의 지시에 따라 문제지를 제출하고 퇴실합니다.

답 안 작 성 요 령

● 온라인 답안 작성 절차
   수험자 등록 ⇒ 시험 시작 ⇒ 답안파일 저장 ⇒ 답안 전송 ⇒ 시험 종료

● 슬라이드 크기는 A4 Paper로 설정하여 작성합니다.

● 슬라이드의 총 개수는 6개로 구성되어 있으며 슬라이드 1부터 순서대로 작업하고 반드시 문제와 세부조건대로 합니다.

● 별도의 지시사항이 없는 경우 출력형태를 참조하여 글꼴색은 검정 또는 흰색으로 작성하고, 기타사항은 전체적인 균형을 고려하여 작성합니다.

● 슬라이드 도형 및 개체에 출력형태와 다른 스타일(그림자, 외곽선 등)을 적용했을 경우 감점처리 됩니다.

● 슬라이드 번호를 작성합니다(슬라이드 1에는 생략).

● 2~6번 슬라이드 제목 도형과 하단 로고는 슬라이드 마스터를 이용하여 출력형태와 동일하게 작성합니다(슬라이드 1에는 생략).

● 문제와 세부조건, 세부조건 번호 ○ (점선원)는 입력하지 않습니다.

● 각 객체의 위치는 오른쪽의 슬라이드와 동일하게 구성합니다.

● 그림 삽입 문제의 경우 반드시 「내 PC₩문서₩ITQ₩Picture」 폴더에서 정확한 파일을 선택하여 삽입하십시오.

● 각 슬라이드를 각각의 파일로 작업해서 저장할 경우 실격 처리됩니다.

The Insight KPC
kpc 한국생산성본부

(1) 슬라이드 크기 및 순서 : 크기를 A4 용지로 설정하고 슬라이드 순서에 맞게 작성한다.
(2) 슬라이드 마스터 : 2~6슬라이드의 제목, 하단 로고, 슬라이드 번호는 슬라이드 마스터를 이용하여 작성한다.
  – 제목 글꼴(굴림, 40pt, 흰색), 왼쪽 맞춤, 도형(선 없음)
  – 하단 로고(「내 PC₩문서₩ITQ₩Picture₩로고1.jpg」, 배경(회색) 투명색으로 설정)

슬라이드 1   표지 디자인   40점

(1) 표지 디자인 : 도형, 워드아트 및 그림을 이용하여 작성한다.

세부조건

① 도형 편집
– 도형에 그림 채우기 :
「내 PC₩문서₩ITQ₩Picture
₩그림3.jpg」, 투명도 50%
– 도형 효과 :
(부드러운 가장자리 5포인트)

② 워드아트 삽입
– 변환 : 오른쪽 줄이기
– 글꼴 : 돋움, 굵게
– 텍스트 반사 : 1/2반사, 터치

③ 그림 삽입
– 「내 PC₩문서₩ITQ₩Picture
₩로고1.jpg」
– 배경(회색) 투명색으로 설정

슬라이드 2   목차 슬라이드   60점

(1) 출력형태와 같이 도형을 이용하여 목차를 작성한다(글꼴 : 굴림, 24pt).
(2) 도형 : 선 없음

세부조건

① 텍스트에 하이퍼링크 적용
→ '슬라이드 4'

② 그림 삽입
– 「내 PC₩문서₩ITQ₩Picture
₩그림5.jpg」
– 자르기 기능 이용

(1) 텍스트 작성 : 글머리 기호 사용(➤, ✓)
　➤문단(굴림, 24pt, 굵게, 줄간격 : 1.5줄), ✓ 문단(굴림, 20pt, 줄간격 : 1.5줄)

세부조건

① 동영상 삽입 :
– 「내 PC\문서\ITQ\Picture
\동영상.wmv」
– 자동실행, 반복재생 설정

1. 자원봉사란?

➤ **Volunteer Etymology**

✓ Bolan of the Latin word volunteer dozen (voluntas) comes from human free will, deep down, and this is the bottom means a doctor

①

➤ **자원봉사의 가치**

✓ 자발, 자주, 자유의지라는 뜻의 라틴어에서 유래

✓ 개인 및 단체의 자발적 참여와 대가없이 도움이 필요한 이웃과 사회에 시간과 재능을 제공하여 사회문제 해결 및 사회공익에 기여하는 것으로 이러한 자원봉사활동을 실천에 옮기는 사람을 자원봉사자라 함

ABC주식회사 3

---

(1) 도형과 표 작성 기능을 이용하여 슬라이드를 작성한다(글꼴 : 돋움, 18pt).

세부조건

① 상단 도형 :
2개 도형의 조합으로 작성

② 좌측 도형 :
그라데이션 효과(선형 아래쪽)

③ 표 스타일 :
테마 스타일 1 – 강조 3

2. 자원봉사의 종류

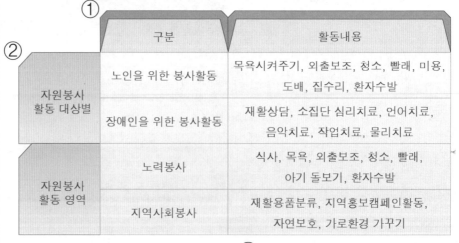

구분		활동내용
자원봉사 활동 대상별	노인을 위한 봉사활동	목욕시켜주기, 외출보조, 청소, 빨래, 미용, 도배, 집수리, 환자수발
	장애인을 위한 봉사활동	재활상담, 소집단 심리치료, 언어치료, 음악치료, 작업치료, 물리치료
자원봉사 활동 영역	노력봉사	식사, 목욕, 외출보조, 청소, 빨래, 아기 돌보기, 환자수발
	지역사회봉사	재활용품분류, 지역홍보캠페인활동, 자연보호, 가로환경 가꾸기

ABC주식회사 ③ 4

(1) 차트 작성 기능을 이용하여 슬라이드를 작성한다.
(2) 차트 : 종류(묶은 세로 막대형), 글꼴(돋움, 16pt), 외곽선

세부조건

※ 차트설명
· 차트제목 : 돋움, 24pt, 굵게,
　채우기(흰색), 테두리,
　그림자(오프셋 위쪽)
· 차트영역 : 채우기(노랑)
　그림영역 : 채우기(흰색)
· 데이터 서식 : 여 계열을
　표식이 있는 꺾은선형으로
　변경 후 보조축으로 지정
· 값 표시 : 광주의 여 계열만

① 도형 삽입
- 스타일 :
　미세효과 – 파랑, 강조1
- 글꼴 : 굴림, 18pt

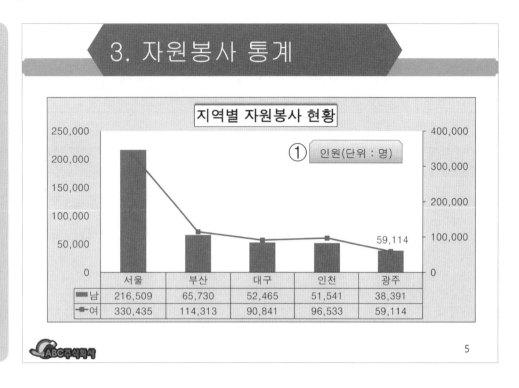

(1) 슬라이드와 같이 도형 및 스마트아트를 배치한다(글꼴 : 굴림, 18pt).
(2) 애니메이션 순서 : ① ⇒ ②

세부조건

① 도형 및 스마트아트 편집
- 스마트아트 디자인 :
　3차원 광택처리, 3차원 벽돌
- 그룹화 후 애니메이션 효과 :
　바운드

② 도형 편집
- 그룹화 후 애니메이션 효과 :
　닦아내기(왼쪽에서)

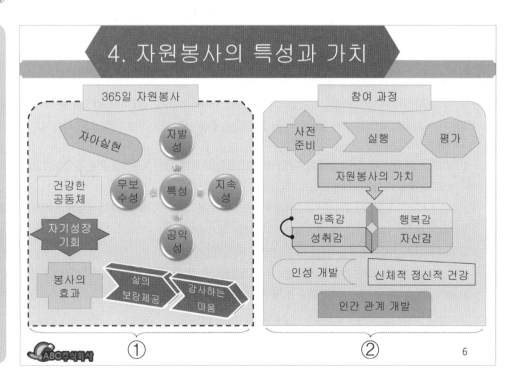

과목	코드	문제유형	시험시간	수험번호	성 명
파워포인트	1142	A	60분	70827023	

수 험 자 유 의 사 항

◉ 수험자는 문제지를 받는 즉시 문제지와 **수험표상의 시험과목(프로그램)이 동일한지 반드시 확인**하여야 합니다.

◉ 파일명은 본인의 "수험번호-성명"으로 입력하여 답안폴더(내 PC₩문서₩ITQ)에 하나의 파일로 저장해야 하며, 답안문서 파일명이 "수험번호-성명"과 일치하지 않거나, 답안파일을 전송하지 않아 미제출로 처리될 경우 실격 처리합니다 (예 : 12345678-홍길동.pptx).

◉ 답안 작성을 마치면 파일을 저장하고, '답안 전송' 버튼을 선택하여 감독위원 PC로 답안을 전송하십시오. 수험생 정보와 저장한 파일명이 다를 경우 전송되지 않으므로 주의하시기 바랍니다.

◉ 답안 작성 중에도 **주기적으로 저장하고 '답안 전송'**하여야 문제 발생을 줄일 수 있습니다. 작업한 내용을 저장하지 않고 전송할 경우 이전에 저장된 내용이 전송되오니 이점 유의하시기 바랍니다.

◉ 답안문서는 지정된 경로 외의 다른 보조기억장치에 저장하는 경우, 지정된 시험 시간 외에 작성된 파일을 활용할 경우, 기타 통신 수단(이메일, 메신저, 네트워크 등)을 이용하여 타인에게 전달 또는 외부 반출하는 경우는 부정 처리합니다.

◉ 시험 중 부주의 또는 고의로 시스템을 파손한 경우는 수험자가 변상해야 하며, <수험자 유의사항>에 기재된 방법대로 이행하지 않아 생기는 불이익은 수험생 당사자의 책임임을 알려 드립니다.

◉ 문제의 조건은 MS오피스 2016 버전으로 설정되어 있으니 유의하시기 바랍니다.

◉ 시험을 완료한 수험자는 답안파일이 전송되었는지 확인한 후 감독위원의 지시에 따라 문제지를 제출하고 퇴실합니다.

답 안 작 성 요 령

◉ 온라인 답안 작성 절차
  수험자 등록 ⇒ 시험 시작 ⇒ 답안파일 저장 ⇒ 답안 전송 ⇒ 시험 종료

◉ 슬라이드 크기는 A4 Paper로 설정하여 작성합니다.

◉ 슬라이드의 총 개수는 6개로 구성되어 있으며 슬라이드 1부터 순서대로 작업하고 반드시 문제와 세부조건대로 합니다.

◉ 별도의 지시사항이 없는 경우 출력형태를 참조하여 글꼴색은 검정 또는 흰색으로 작성하고, 기타사항은 전체적인 균형을 고려하여 작성합니다.

◉ 슬라이드 도형 및 개체에 출력형태와 다른 스타일(그림자, 외곽선 등)을 적용했을 경우 감점처리 됩니다.

◉ 슬라이드 번호를 작성합니다(슬라이드 1에는 생략).

◉ 2~6번 슬라이드 제목 도형과 하단 로고는 슬라이드 마스터를 이용하여 출력형태와 동일하게 작성합니다(슬라이드 1에는 생략).

◉ 문제와 세부조건, 세부조건 번호 ⃝ (점선원)는 입력하지 않습니다.

◉ 각 객체의 위치는 오른쪽의 슬라이드와 동일하게 구성합니다.

◉ 그림 삽입 문제의 경우 반드시 「내 PC₩문서₩ITQ₩Picture」 폴더에서 정확한 파일을 선택하여 삽입하십시오.

◉ 각 슬라이드를 각각의 파일로 작업해서 저장할 경우 실격 처리됩니다.

(1) 슬라이드 크기 및 순서 : 크기를 A4 용지로 설정하고 슬라이드 순서에 맞게 작성한다.
(2) 슬라이드 마스터 : 2~6슬라이드의 제목, 하단 로고, 슬라이드 번호는 슬라이드 마스터를 이용하여 작성한다.
　　– 제목 글꼴(돋움, 40pt, 흰색), 오른쪽 맞춤, 도형(선 없음)
　　– 하단 로고(「내 PC₩문서₩ITQ₩Picture₩로고2.jpg」, 배경(회색) 투명색으로 설정)

슬라이드 1　　　표지 디자인　　　　　　　　　　　　　　40점

(1) 표지 디자인 : 도형, 워드아트 및 그림을 이용하여 작성한다.

세부조건

① 도형 편집
– 도형에 그림 채우기 :
「내 PC₩문서₩ITQ₩Picture
₩그림1.jpg」, 투명도 50%
– 도형 효과 :
(부드러운 가장자리 5포인트)

② 워드아트 삽입
– 변환 : 갈매기형 수장
– 글꼴 : 굴림, 굵게
– 텍스트 반사 : 전체 반사,
4pt 오프셋

③ 그림 삽입
– 「내 PC₩문서₩ITQ₩Picture
₩로고2.jpg」
– 배경(회색) 투명색으로 설정

슬라이드 2　　　목차 슬라이드　　　　　　　　　　　　60점

(1) 출력형태와 같이 도형을 이용하여 목차를 작성한다(글꼴 : 굴림, 24pt).
(2) 도형 : 선 없음

세부조건

① 텍스트에 하이퍼링크 적용
→ '슬라이드 4'

② 그림 삽입
– 「내 PC₩문서₩ITQ₩Picture
₩그림5.jpg」
– 자르기 기능 이용

(1) 텍스트 작성 : 글머리 기호 사용(❖, ■)
　　❖ 문단(돋움, 24pt, 굵게, 줄간격 : 1.5줄), ■ 문단(돋움, 20pt, 줄간격 : 1.5줄)

세부조건

① 동영상 삽입 :
– 「내 PC₩문서₩ITQ₩Picture ₩동영상.wmv」
– 자동실행, 반복재생 설정

1. 전기차의 원리 및 구조

❖ **Principles of Electric Cars**

　■ Electric cars are vehicles that produce drive by supplying electric energy from high voltage batteries to electric motors

①

❖ **전기차 내부 구조**

　■ 급속충전기는 충전까지 30분 정도 소요

　■ 배터리에서 공급되는 전기에너지만을 동력원으로 전기모터를 구동

　■ 제동 횟수가 많은 도심에서 에너지 효율성 극대화

3

(1) 도형과 표 작성 기능을 이용하여 슬라이드를 작성한다(글꼴 : 굴림, 18pt).

세부조건

① 상단 도형 :
　2개 도형의 조합으로 작성

② 좌측 도형 :
　그라데이션 효과(선형 아래쪽)

③ 표 스타일 :
　테마 스타일 1 – 강조 3

2. 전기차 설치 유형에 따른 분류

①

②

	벽부형 충전기	스탠드형 충전기	이동형 충전기
용량	3~7kW	3~7kW	3kW(최고)
충전 시간	4~6시간	4~6시간	6~9시간
특징	U형 볼라드, 차량 스토퍼, 차선 도색 충전기 위치가 외부에 설치되어 눈, 비에 노출 될 경우만 케노피 설치		220V 콘센트에 RFID 태그를 부착하여 충전

③

4

(1) 차트 작성 기능을 이용하여 슬라이드를 작성한다.
(2) 차트 : 종류(묶은 세로 막대형), 글꼴(돋움, 16pt), 외곽선

세부조건

※ 차트설명
· 차트제목 : 궁서, 24pt, 굵게,
  채우기(흰색), 테두리,
  그림자(오프셋 왼쪽)
· 차트영역 : 채우기(노랑)
  그림영역 : 채우기(흰색)
· 데이터 서식 : 2020년 계열을
  표식이 있는 꺾은선형으로
  변경 후 보조축으로 지정
· 값 표시 : 전라권의 2020년
  계열만

① 도형 삽입
- 스타일 :
  미세효과 – 파랑, 강조1
- 글꼴 : 돋움, 18pt

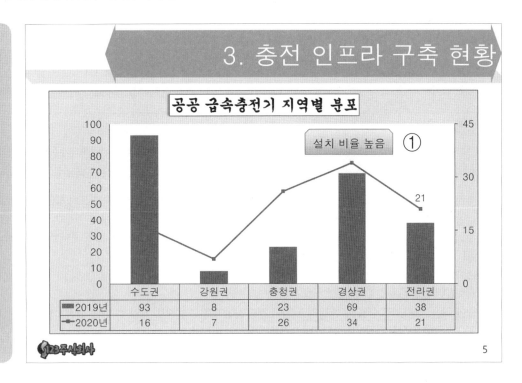

(1) 슬라이드와 같이 도형 및 스마트아트를 배치한다(글꼴 : 굴림, 18pt).
(2) 애니메이션 순서 : ① ⇒ ②

세부조건

① 도형 및 스마트아트 편집
- 스마트아트 디자인 :
  3차원 경사, 3차원 만화
- 그룹화 후 애니메이션 효과 :
  올라오기(떠오르며 올라오기)

② 도형 편집
- 그룹화 후 애니메이션 효과 :
  실선 무늬(가로)

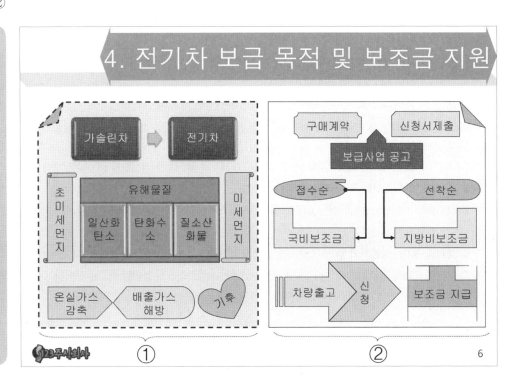

과목	코드	문제유형	시험시간	수험번호	성 명
파워포인트	1142	A	60분	82707024	

수 험 자 유 의 사 항

◉ 수험자는 문제지를 받는 즉시 문제지와 **수험표상의 시험과목(프로그램)이 동일한지 반드시 확인**하여야 합니다.

◉ 파일명은 본인의 "수험번호-성명"으로 입력하여 답안폴더(내 PC₩문서₩ITQ)에 하나의 파일로 저장해야 하며, 답안문서 파일명이 "수험번호-성명"과 일치하지 않거나, 답안파일을 전송하지 않아 미제출로 처리될 경우 실격 처리합니다 (예 : 12345678-홍길동.pptx).

◉ 답안 작성을 마치면 파일을 저장하고, '답안 전송' 버튼을 선택하여 감독위원 PC로 답안을 전송하십시오. 수험생 정보와 저장한 파일명이 다를 경우 전송되지 않으므로 주의하시기 바랍니다.

◉ 답안 작성 중에도 **주기적으로 저장하고 '답안 전송'**하여야 문제 발생을 줄일 수 있습니다. 작업한 내용을 저장하지 않고 전송할 경우 이전에 저장된 내용이 전송되오니 이점 유의하시기 바랍니다.

◉ 답안문서는 지정된 경로 외의 다른 보조기억장치에 저장하는 경우, 지정된 시험 시간 외에 작성된 파일을 활용할 경우, 기타 통신 수단(이메일, 메신저, 네트워크 등)을 이용하여 타인에게 전달 또는 외부 반출하는 경우는 부정 처리합니다.

◉ 시험 중 부주의 또는 고의로 시스템을 파손한 경우는 수험자가 변상해야 하며, 〈수험자 유의사항〉에 기재된 방법대로 이행하지 않아 생기는 불이익은 수험생 당사자의 책임임을 알려 드립니다.

◉ 문제의 조건은 MS오피스 2016 버전으로 설정되어 있으니 유의하시기 바랍니다.

◉ 시험을 완료한 수험자는 답안파일이 전송되었는지 확인한 후 감독위원의 지시에 따라 문제지를 제출하고 퇴실합니다.

답 안 작 성 요 령

◉ 온라인 답안 작성 절차
  수험자 등록 ⇒ 시험 시작 ⇒ 답안파일 저장 ⇒ 답안 전송 ⇒ 시험 종료

◉ 슬라이드 크기는 A4 Paper로 설정하여 작성합니다.

◉ 슬라이드의 총 개수는 6개로 구성되어 있으며 슬라이드 1부터 순서대로 작업하고 반드시 문제와 세부조건대로 합니다.

◉ 별도의 지시사항이 없는 경우 출력형태를 참조하여 글꼴색은 검정 또는 흰색으로 작성하고, 기타사항은 전체적인 균형을 고려하여 작성합니다.

◉ 슬라이드 도형 및 개체에 출력형태와 다른 스타일(그림자, 외곽선 등)을 적용했을 경우 감점처리 됩니다.

◉ 슬라이드 번호를 작성합니다(슬라이드 1에는 생략).

◉ 2~6번 슬라이드 제목 도형과 하단 로고는 슬라이드 마스터를 이용하여 출력형태와 동일하게 작성합니다(슬라이드 1에는 생략).

◉ 문제와 세부조건, 세부조건 번호 ○ (점선원)는 입력하지 않습니다.

◉ 각 객체의 위치는 오른쪽의 슬라이드와 동일하게 구성합니다.

◉ 그림 삽입 문제의 경우 반드시 「내 PC₩문서₩ITQ₩Picture」 폴더에서 정확한 파일을 선택하여 삽입하십시오.

◉ 각 슬라이드를 각각의 파일로 작업해서 저장할 경우 실격 처리됩니다.

(1) 슬라이드 크기 및 순서 : 크기를 A4 용지로 설정하고 슬라이드 순서에 맞게 작성한다.
(2) 슬라이드 마스터 : 2~6슬라이드의 제목, 하단 로고, 슬라이드 번호는 슬라이드 마스터를 이용하여 작성한다.
    – 제목 글꼴(돋움, 40pt, 흰색), 왼쪽 맞춤, 도형(선 없음)
    – 하단 로고(「내 PC₩문서₩ITQ₩Picture₩로고2.jpg」, 배경(회색) 투명색으로 설정)

슬라이드 1   표지 디자인   40점

(1) 표지 디자인 : 도형, 워드아트 및 그림을 이용하여 작성한다.

세부조건

① 도형 편집
– 도형에 그림 채우기 :
　「내 PC₩문서₩ITQ₩Picture
　₩그림2.jpg」, 투명도 50%
– 도형 효과 :
　(부드러운 가장자리 5pt)

② 워드아트 삽입
– 변환 : 역갈매기형 수장
– 글꼴 : 맑은 고딕, 굵게
– 반사 : 근접 반사, 터치

③ 그림 삽입
– 「내 PC₩문서₩ITQ₩Picture
　₩로고2.jpg」
– 배경(회색) 투명색으로 설정

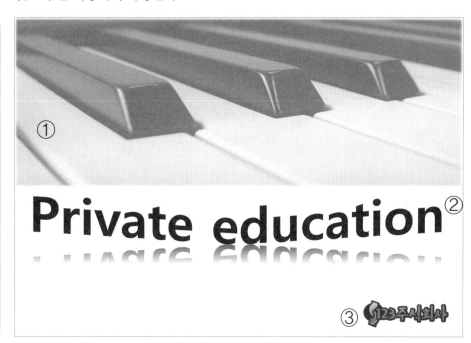

슬라이드 2   목차 슬라이드   60점

(1) 출력형태와 같이 도형을 이용하여 목차를 작성한다(글꼴 : 굴림, 24pt).
(2) 도형 : 선 없음

세부조건

① 텍스트에 하이퍼링크 적용
→ '슬라이드6'

② 그림 삽입
– 「내 PC₩문서₩ITQ₩Picture
　₩그림5.jpg」
– 자르기 기능 이용

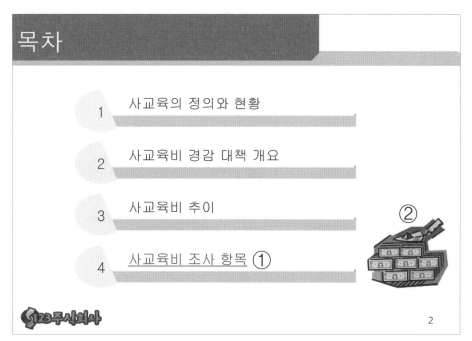

(1) 텍스트 작성 : 글머리 기호 사용(◆, ✔)
　　◆ 문단(굴림, 24pt, 굵게, 줄간격 : 1.5줄), ✔ 문단(굴림, 20pt, 줄간격 : 1.5줄)

세부조건

① 동영상 삽입 :
– 「내 PC\문서\ITQ\Picture \동영상. wmv」
– 자동실행, 반복재생 설정

1. 사교육의 정의와 현황

◆ Private education cost growth hits 5-year high in Feb
　✔ Prices of private education and other extracurricular activities grew at the fastest pace in about five years in February, data showed Wednesday, indicating the heavier burden that parents have to shoulder in educating their children

◆ 사교육의 정의
　✔ 공교육에 반대되는 개념으로, 국가가 관리하는 유아교육법 및 초, 중등교육법, 고등교육법의 적용을 받는 교육기관 밖에서 이루어지는 교육
　✔ 개인이 의사결정의 주체가 되어 이루어지는 교육

①

3

(1) 도형과 표 작성 기능을 이용하여 슬라이드를 작성한다(글꼴 : 굴림, 18pt).

세부조건

① 상단 도형 :
　2개 도형의 조합으로 작성

② 좌측 도형 :
　그라데이션 효과(선형 아래쪽)

③ 표 스타일 :
　테마 스타일 1 – 강조 6

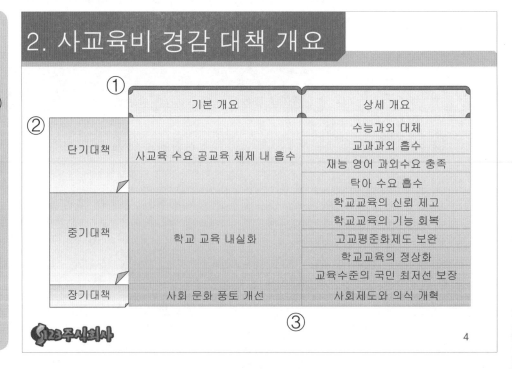

2. 사교육비 경감 대책 개요

	기본 개요	상세 개요
단기대책	사교육 수요 공교육 체제 내 흡수	수능과외 대체
		교과과외 흡수
		재능 영어 과외수요 충족
		탁아 수요 흡수
중기대책	학교 교육 내실화	학교교육의 신뢰 제고
		학교교육의 기능 회복
		고교평준화제도 보완
		학교교육의 정상화
		교육수준의 국민 최저선 보장
장기대책	사회 문화 풍토 개선	사회제도와 의식 개혁

4

(1) 차트 작성 기능을 이용하여 슬라이드를 작성한다.
(2) 차트 : 종류(묶은 세로 막대형), 글꼴(돋움, 16pt), 외곽선

세부조건

※ 차트설명
· 차트제목 : 궁서, 24pt, 굵게,
　채우 기(흰색), 테두리,
　그림자(오프셋 아래쪽)
· 차트영역 : 채우기(노랑)
　그림영역 : 채우기(흰색)
· 데이터 서식 : '사교육비' 계열을
　표식이 있는 꺾은선형으로 변경
　후 보조축으로 지정
· 값표시 : 2008년 증감률 계열만
· 데이터 테이블 표시

① 도형 삽입
– 스타일 :
　미세효과 – 파랑, 강조1
– 글꼴 : 돋움, 18pt

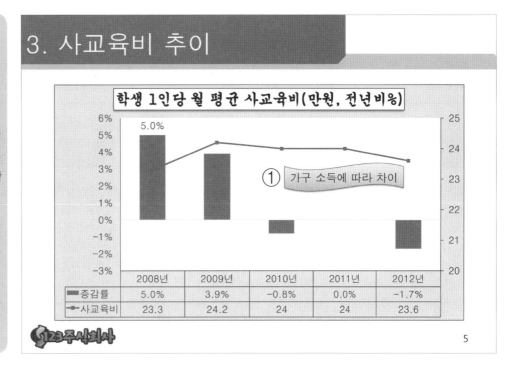

(1) 슬라이드와 같이 도형 및 스마트아트를 배치한다(글꼴 : 굴림, 18pt).
(2) 애니메이션 순서 : ① ⇒ ②

세부조건

① 도형 및 스마트아트 편집
– 스마트아트 디자인 :
　3차원 경사, 3차원 금속
– 그룹화 후 애니메이션 효과 :
　시계 방향 회전

② 도형 편집
그룹화 후 애니메이션 효과 :
바운드

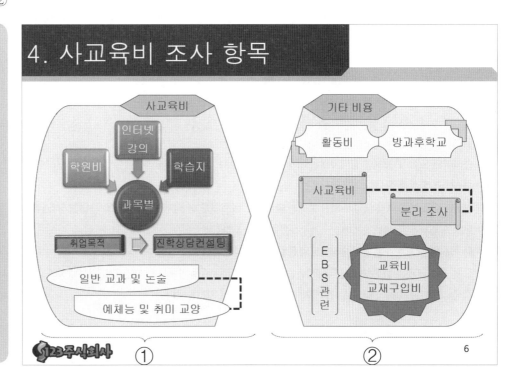

과목	코드	문제유형	시험시간	수험번호	성 명
파워포인트	1142	A	60분	36807027	

수 험 자 유 의 사 항

- 수험자는 문제지를 받는 즉시 문제지와 **수험표상의 시험과목(프로그램)이 동일한지 반드시 확인**하여야 합니다.
- 파일명은 본인의 "수험번호–성명"으로 입력하여 답안폴더(내 PC\문서\ITQ)에 하나의 파일로 저장해야 하며, 답안문서 파일명이 "수험번호–성명"과 일치하지 않거나, 답안파일을 전송하지 않아 미제출로 처리될 경우 실격 처리합니다 (예 : 12345678–홍길동.pptx).
- 답안 작성을 마치면 파일을 저장하고, '답안 전송' 버튼을 선택하여 감독위원 PC로 답안을 전송하십시오. 수험생 정보와 저장한 파일명이 다를 경우 전송되지 않으므로 주의하시기 바랍니다.
- 답안 작성 중에도 **주기적으로 저장하고 '답안 전송'**하여야 문제 발생을 줄일 수 있습니다. 작업한 내용을 저장하지 않고 전송할 경우 이전에 저장된 내용이 전송되오니 이점 유의하시기 바랍니다.
- 답안문서는 지정된 경로 외의 다른 보조기억장치에 저장하는 경우, 지정된 시험 시간 외에 작성된 파일을 활용할 경우, 기타 통신 수단(이메일, 메신저, 네트워크 등)을 이용하여 타인에게 전달 또는 외부 반출하는 경우는 부정 처리합니다.
- 시험 중 부주의 또는 고의로 시스템을 파손한 경우는 수험자가 변상해야 하며, 〈수험자 유의사항〉에 기재된 방법대로 이행하지 않아 생기는 불이익은 수험생 당사자의 책임임을 알려 드립니다.
- 문제의 조건은 MS오피스 2016 버전으로 설정되어 있으니 유의하시기 바랍니다.
- 시험을 완료한 수험자는 답안파일이 전송되었는지 확인한 후 감독위원의 지시에 따라 문제지를 제출하고 퇴실합니다.

답 안 작 성 요 령

- 온라인 답안 작성 절차
  수험자 등록 ⇒ 시험 시작 ⇒ 답안파일 저장 ⇒ 답안 전송 ⇒ 시험 종료
- 슬라이드 크기는 A4 Paper로 설정하여 작성합니다.
- 슬라이드의 총 개수는 6개로 구성되어 있으며 슬라이드 1부터 순서대로 작업하고 반드시 문제와 세부조건대로 합니다.
- 별도의 지시사항이 없는 경우 출력형태를 참조하여 글꼴색은 검정 또는 흰색으로 작성하고, 기타사항은 전체적인 균형을 고려하여 작성합니다.
- 슬라이드 도형 및 개체에 출력형태와 다른 스타일(그림자, 외곽선 등)을 적용했을 경우 감점처리 됩니다.
- 슬라이드 번호를 작성합니다(슬라이드 1에는 생략).
- 2~6번 슬라이드 제목 도형과 하단 로고는 슬라이드 마스터를 이용하여 출력형태와 동일하게 작성합니다(슬라이드 1에는 생략).
- 문제와 세부조건, 세부조건 번호 ◌ (점선원)는 입력하지 않습니다.
- 각 객체의 위치는 오른쪽의 슬라이드와 동일하게 구성합니다.
- 그림 삽입 문제의 경우 반드시 「내 PC\문서\ITQ\Picture」 폴더에서 정확한 파일을 선택하여 삽입하십시오.
- 각 슬라이드를 각각의 파일로 작업해서 저장할 경우 실격 처리됩니다.

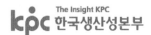
The Insight KPC
kpc 한국생산성본부

(1) 슬라이드 크기 및 순서 : 크기를 A4 용지로 설정하고 슬라이드 순서에 맞게 작성한다.
(2) 슬라이드 마스터 : 2~6슬라이드의 제목, 하단 로고, 슬라이드 번호는 슬라이드 마스터를 이용하여 작성한다.
　　– 제목 글꼴(굴림, 40pt, 검정), 가운데 맞춤, 도형(선 없음)
　　– 하단 로고(「내 PC₩문서₩ITQ₩Picture₩로고2.jpg」, 배경(회색) 투명색으로 설정)

슬라이드 1　　**표지 디자인**　　40점

(1) 표지 디자인 : 도형, 워드아트 및 그림을 이용하여 작성한다.

세부조건

① 도형 편집
– 도형에 그림 채우기 :
「내 PC₩문서₩ITQ₩Picture
₩그림1.jpg」, 투명도 50%
– 도형 효과 :
(부드러운 가장자리 5포인트)

② 워드아트 삽입
– 변환 : 삼각형
– 글꼴 : 돋움, 굵게
– 텍스트 반사 : 근접 반사,
4pt 오프셋

③ 그림 삽입
– 「내 PC₩문서₩ITQ₩Picture
₩로고2.jpg」
– 배경(회색) 투명색으로 설정

슬라이드 2　　**목차 슬라이드**　　60점

(1) 출력형태와 같이 도형을 이용하여 목차를 작성한다(글꼴 : 돋움, 24pt).
(2) 도형 : 선 없음

세부조건

① 텍스트에 하이퍼링크 적용
→ '슬라이드 3'

② 그림 삽입
– 「내 PC₩문서₩ITQ₩Picture
₩그림5.jpg」
– 자르기 기능 이용

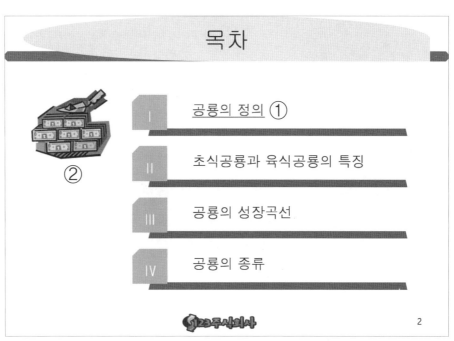

(1) 텍스트 작성 : 글머리 기호 사용(❖, ✔)
　　❖ 문단(굴림, 24pt, 굵게, 줄간격 : 1.5줄), ✔ 문단(굴림, 20pt, 줄간격 : 1.5줄)

세부조건

① 동영상 삽입 :
- 「내 PC₩문서₩ITQ₩Picture ₩동영상.wmv」
- 자동실행, 반복재생 설정

Ⅰ. 공룡의 정의

❖ **Characteristics of dinosaurs**
　✔ Dinosaurs strong yet light-weight bones and long tails that helped their balance allowed these huge creatures to move around gracefully in upright postures

❖ **공룡의 정의**
　✔ 중생대에 번성했던 육상 파충류의 한 집단으로 육지와 바다(어룡), 하늘(익룡)까지 진화를 거듭하면서 번성
　✔ 모든 대륙의 다양한 환경에서 화석으로 발견

123중식의사

3

(1) 도형과 표 작성 기능을 이용하여 슬라이드를 작성한다(글꼴 : 돋움, 18pt).

세부조건

① 상단 도형 :
　2개 도형의 조합으로 작성

② 좌측 도형 :
　그라데이션 효과(선형 아래쪽)

③ 표 스타일 :
　테마 스타일 1 - 강조 1

Ⅱ. 초식공룡과 육식공룡의 특징

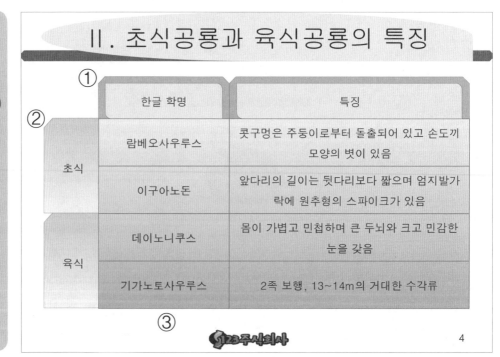

	한글 학명	특징
초식	람베오사우루스	콧구멍은 주둥이로부터 돌출되어 있고 손도끼 모양의 볏이 있음
	이구아노돈	앞다리의 길이는 뒷다리보다 짧으며 엄지발가락에 원추형의 스파이크가 있음
육식	데이노니쿠스	몸이 가볍고 민첩하며 큰 두뇌와 크고 민감한 눈을 갖음
	기가노토사우루스	2족 보행, 13~14m의 거대한 수각류

123중식의사

4

(1) 차트 작성 기능을 이용하여 슬라이드를 작성한다.
(2) 차트 : 종류(묶은 세로 막대형), 글꼴(돋움, 16pt), 외곽선

세부조건

※ 차트설명
· 차트제목 : 굴림, 24pt, 굵게,
  채우기(흰색), 테두리,
  그림자(오프셋 아래쪽)
· 차트영역 : 채우기(노랑)
  그림영역 : 채우기(흰색)
· 데이터 서식 :
  다스플레토사우르스 계열을
  표식이 있는 꺾은선형으로
  변경 후 보조축으로 지정
· 값 표시 :
  25세의 다스플레토사우르스
  계열만

① 도형 삽입
- 스타일 :
  미세효과 - 파랑, 강조1
- 글꼴 : 굴림, 18pt

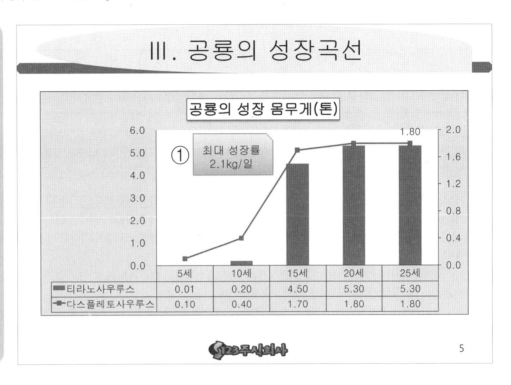

(1) 슬라이드와 같이 도형 및 스마트아트를 배치한다(글꼴 : 굴림, 18pt).
(2) 애니메이션 순서 : ① ⇒ ②

세부조건

① 도형 및 스마트아트 편집
- 스마트아트 디자인 :
  3차원 경사, 3차원 만화
- 그룹화 후 애니메이션 효과 :
  시계 방향 회전

② 도형 편집
- 그룹화 후 애니메이션 효과 :
  실선무늬(세로)

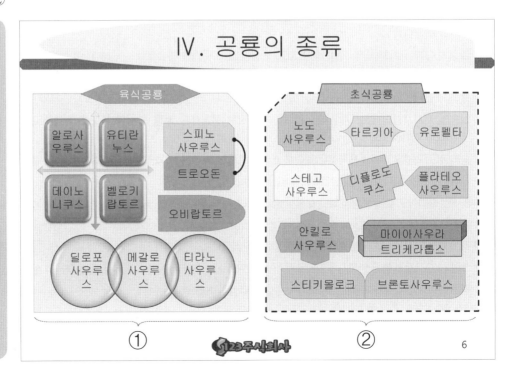

과목	코드	문제유형	시험시간	수험번호	성 명
파워포인트	1142	A	60분	20987025	

수 험 자 유 의 사 항

- 수험자는 문제지를 받는 즉시 문제지와 **수험표상의 시험과목(프로그램)이 동일한지 반드시 확인**하여야 합니다.
- 파일명은 본인의 "수험번호-성명"으로 입력하여 답안폴더(내 PC₩문서₩ITQ)에 하나의 파일로 저장해야 하며, 답안문서 파일명이 "수험번호-성명"과 일치하지 않거나, 답안파일을 전송하지 않아 미제출로 처리될 경우 실격 처리합니다 (예 : 12345678-홍길동.pptx).
- 답안 작성을 마치면 파일을 저장하고, '답안 전송' 버튼을 선택하여 감독위원 PC로 답안을 전송하십시오. 수험생 정보와 저장한 파일명이 다를 경우 전송되지 않으므로 주의하시기 바랍니다.
- 답안 작성 중에도 **주기적으로 저장하고 '답안 전송'**하여야 문제 발생을 줄일 수 있습니다. 작업한 내용을 저장하지 않고 전송할 경우 이전에 저장된 내용이 전송되오니 이점 유의하시기 바랍니다.
- 답안문서는 지정된 경로 외의 다른 보조기억장치에 저장하는 경우, 지정된 시험 시간 외에 작성된 파일을 활용할 경우, 기타 통신 수단(이메일, 메신저, 네트워크 등)을 이용하여 타인에게 전달 또는 외부 반출하는 경우는 부정 처리합니다.
- 시험 중 부주의 또는 고의로 시스템을 파손한 경우는 수험자가 변상해야 하며, <수험자 유의사항>에 기재된 방법대로 이행하지 않아 생기는 불이익은 수험생 당사자의 책임임을 알려 드립니다.
- 문제의 조건은 MS오피스 2016 버전으로 설정되어 있으니 유의하시기 바랍니다.
- 시험을 완료한 수험자는 답안파일이 전송되었는지 확인한 후 감독위원의 지시에 따라 문제지를 제출하고 퇴실합니다.

답 안 작 성 요 령

- 온라인 답안 작성 절차
  수험자 등록 ⇒ 시험 시작 ⇒ 답안파일 저장 ⇒ 답안 전송 ⇒ 시험 종료
- 슬라이드 크기는 A4 Paper로 설정하여 작성합니다.
- 슬라이드의 총 개수는 6개로 구성되어 있으며 슬라이드 1부터 순서대로 작업하고 반드시 문제와 세부조건대로 합니다.
- 별도의 지시사항이 없는 경우 출력형태를 참조하여 글꼴색은 검정 또는 흰색으로 작성하고, 기타사항은 전체적인 균형을 고려하여 작성합니다.
- 슬라이드 도형 및 개체에 출력형태와 다른 스타일(그림자, 외곽선 등)을 적용했을 경우 감점처리 됩니다.
- 슬라이드 번호를 작성합니다(슬라이드 1에는 생략).
- 2~6번 슬라이드 제목 도형과 하단 로고는 슬라이드 마스터를 이용하여 출력형태와 동일하게 작성합니다(슬라이드 1에는 생략).
- 문제와 세부조건, 세부조건 번호 ⃝ (점선원)는 입력하지 않습니다.
- 각 객체의 위치는 오른쪽의 슬라이드와 동일하게 구성합니다.
- 그림 삽입 문제의 경우 반드시 「내 PC₩문서₩ITQ₩Picture」 폴더에서 정확한 파일을 선택하여 삽입하십시오.
- 각 슬라이드를 각각의 파일로 작업해서 저장할 경우 실격 처리됩니다.

(1) 슬라이드 크기 및 순서 : 크기를 A4 용지로 설정하고 슬라이드 순서에 맞게 작성한다.
(2) 슬라이드 마스터 : 2~6슬라이드의 제목, 하단 로고, 슬라이드 번호는 슬라이드 마스터를 이용하여 작성한다.
　　　– 제목 글꼴(굴림, 40pt, 검정), 가운데 맞춤, 도형(선 없음)
　　　– 하단 로고(「내 PC₩문서₩ITQ₩Picture₩로고2.jpg」, 배경(회색) 투명색으로 설정)

슬라이드 1 　 표지 디자인 　 40점

(1) 표지 디자인 : 도형, 워드아트 및 그림을 이용하여 작성한다.

세부조건

① 도형 편집
- 도형에 그림 채우기 :
「내 PC₩문서₩ITQ₩Picture
₩그림2.jpg」, 투명도 50%
- 도형 효과 :
(부드러운 가장자리 5pt)

② 워드아트 삽입
- 변환 : 오른쪽 줄이기
- 글꼴 : 굴림, 굵게
- 반사 : 근접 반사, 터치

③ 그림 삽입
- 「내 PC₩문서₩ITQ₩Picture
₩로고2.jpg」
- 배경(회색) 투명색으로 설정

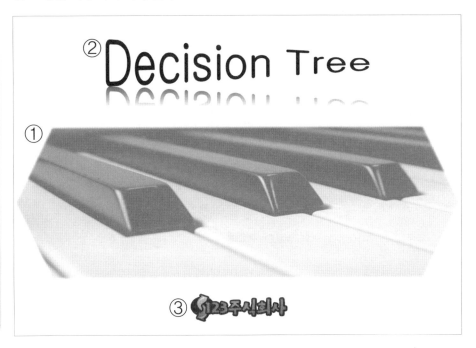

슬라이드 2 　 목차 슬라이드 　 60점

(1) 출력형태와 같이 도형을 이용하여 목차를 작성한다(글꼴 : 돋움, 24pt).
(2) 도형 : 선 없음

세부조건

① 텍스트에 하이퍼링크 적용
→ '슬라이드 5'

② 그림 삽입
- 「내 PC₩문서₩ITQ₩Picture
₩그림4.jpg」
- 자르기 기능 이용

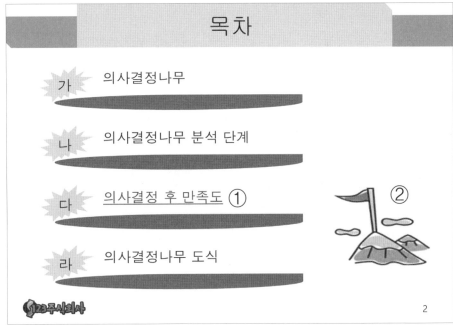

(1) 텍스트 작성 : 글머리 기호 사용(✓, ▪)

    ✓ 문단(굴림, 24pt, 굵게, 줄간격 : 1.5줄), ▪ 문단(굴림, 20pt, 줄간격 : 1.5줄)

세부조건

① 동영상 삽입 :
- 「내 PC₩문서₩ITQ₩Picture ₩동영상. wmv」
- 자동실행, 반복재생 설정

가. 의사결정나무

✓ **Good Decision Making**

  ▪ It Good decision making is an essential skill for career success generally, and effective leadership particularly

  ▪ If you can learn to make timely and well-considered decisions, then you can often lead your team to spectacular and well-deserved success

✓ **의사결정나무란?**

  ▪ 의사결정문제를 나무에 비교해 가지에 목표와 상황의 상호 관련성을 나타내어 최종적인 의사결정을 하는 방법

  ▪ 결정노드와 기회노드로 구성된 의사결정문제의 논리적 구조를 이용하여 의사결정을 하는 방법

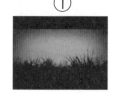

①

123주식회사

3

---

(1) 도형과 표 작성 기능을 이용하여 슬라이드를 작성한다(글꼴 : 굴림, 18pt).

세부조건

① 상단 도형 :
  2개 도형의 조합으로 작성

② 좌측 도형 :
  그라데이션 효과(선형 아래쪽)

③ 표 스타일 :
  테마 스타일 1 – 강조 6

나. 의사결정나무 분석 단계

②

구분		내용
분리 기준	형성	분석의 목적과 자료 구조에 따라 적절한 분리 기준과 정지 규칙을 지정
정지 규칙	가지치기	분류의 오류를 크게 할 위험이 높거나 부적절한 추론 규칙을 가지고 있는 가지 제거
평가 기준	타당성 평가	이익도표나 위험도표 또는 검증용 자료에 의한 교차 타당성 등을 이용하여 의사결정나무를 평가
	해석 및 예측	의사결정나무를 해석하고 예측 모형 설정

①

③

123주식회사

4

---

(1) 차트 작성 기능을 이용하여 슬라이드를 작성한다.
(2) 차트 : 종류(묶은 세로 막대형), 글꼴(돋움, 16pt), 외곽선

세부조건

※ 차트설명
· 차트제목 : 궁서, 24pt, 굵게,
  채우기(흰색), 테두리,
  그림자(오프셋 오른쪽)
· 차트영역 : 채우기(노랑)
  그림영역 : 채우기(흰색)
· 데이터 서식 : '남자' 계열을
  표식이 있는 꺾은선형으로 변경
  후 보조 축으로 지정
· 값표시 : 중학생의 여자 계열만
· 데이터 테이블 표시

① 도형 삽입
- 스타일 :
  미세효과 – 파랑, 강조1
- 글꼴 : 굴림, 18pt

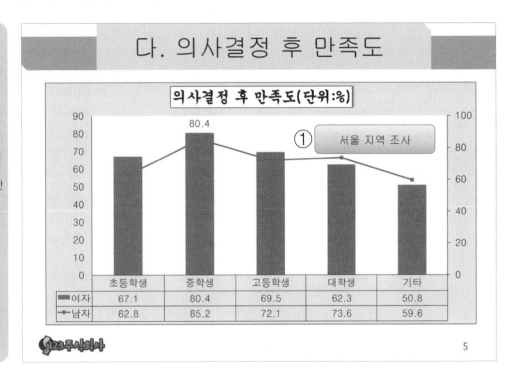

(1) 슬라이드와 같이 도형 및 스마트아트를 배치한다(글꼴 : 굴림, 18pt).
(2) 애니메이션 순서 : ① ⇒ ②

세부조건

① 도형 편집
그룹화 후 애니메이션 효과 :
시계 방향 회전

② 도형 및 스마트아트 편집
- 스마트아트 디자인 :
  3차원 광택 처리, 3차원 경사
- 그룹화 후 애니메이션 효과 :
  바운드

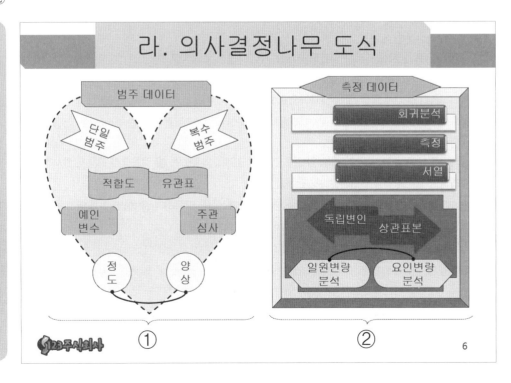

과목	코드	문제유형	시험시간	수험번호	성 명
파워포인트	1142	A	60분	98047030	

수 험 자 유 의 사 항

- 수험자는 문제지를 받는 즉시 문제지와 **수험표상의 시험과목(프로그램)이 동일한지 반드시 확인**하여야 합니다.
- 파일명은 본인의 "수험번호-성명"으로 입력하여 답안폴더(내 PC₩문서₩ITQ)에 하나의 파일로 저장해야 하며, 답안문서 파일명이 "수험번호-성명"과 일치하지 않거나, 답안파일을 전송하지 않아 미제출로 처리될 경우 실격 처리합니다 (예 : 12345678-홍길동.pptx).
- 답안 작성을 마치면 파일을 저장하고, '답안 전송' 버튼을 선택하여 감독위원 PC로 답안을 전송하십시오. 수험생 정보와 저장한 파일명이 다를 경우 전송되지 않으므로 주의하시기 바랍니다.
- 답안 작성 중에도 **주기적으로 저장하고 '답안 전송'**하여야 문제 발생을 줄일 수 있습니다. 작업한 내용을 저장하지 않고 전송할 경우 이전에 저장된 내용이 전송되오니 이점 유의하시기 바랍니다.
- 답안문서는 지정된 경로 외의 다른 보조기억장치에 저장하는 경우, 지정된 시험 시간 외에 작성된 파일을 활용할 경우, 기타 통신 수단(이메일, 메신저, 네트워크 등)을 이용하여 타인에게 전달 또는 외부 반출하는 경우는 부정 처리합니다.
- 시험 중 부주의 또는 고의로 시스템을 파손한 경우는 수험자가 변상해야 하며, <수험자 유의사항>에 기재된 방법대로 이행하지 않아 생기는 불이익은 수험생 당사자의 책임임을 알려 드립니다.
- 문제의 조건은 MS오피스 2016 버전으로 설정되어 있으니 유의하시기 바랍니다.
- 시험을 완료한 수험자는 답안파일이 전송되었는지 확인한 후 감독위원의 지시에 따라 문제지를 제출하고 퇴실합니다.

답 안 작 성 요 령

- 온라인 답안 작성 절차
  수험자 등록 ⇒ 시험 시작 ⇒ 답안파일 저장 ⇒ 답안 전송 ⇒ 시험 종료
- 슬라이드 크기는 A4 Paper로 설정하여 작성합니다.
- 슬라이드의 총 개수는 6개로 구성되어 있으며 슬라이드 1부터 순서대로 작업하고 반드시 문제와 세부조건대로 합니다.
- 별도의 지시사항이 없는 경우 출력형태를 참조하여 글꼴색은 검정 또는 흰색으로 작성하고, 기타사항은 전체적인 균형을 고려하여 작성합니다.
- 슬라이드 도형 및 개체에 출력형태와 다른 스타일(그림자, 외곽선 등)을 적용했을 경우 감점처리 됩니다.
- 슬라이드 번호를 작성합니다(슬라이드 1에는 생략).
- 2~6번 슬라이드 제목 도형과 하단 로고는 슬라이드 마스터를 이용하여 출력형태와 동일하게 작성합니다(슬라이드 1에는 생략).
- 문제와 세부조건, 세부조건 번호 ◌ (점선원)는 입력하지 않습니다.
- 각 객체의 위치는 오른쪽의 슬라이드와 동일하게 구성합니다.
- 그림 삽입 문제의 경우 반드시 「내 PC₩문서₩ITQ₩Picture」 폴더에서 정확한 파일을 선택하여 삽입하십시오.
- 각 슬라이드를 각각의 파일로 작업해서 저장할 경우 실격 처리됩니다.

(1) 슬라이드 크기 및 순서 : 크기를 A4 용지로 설정하고 슬라이드 순서에 맞게 작성한다.
(2) 슬라이드 마스터 : 2~6슬라이드의 제목, 하단 로고, 슬라이드 번호는 슬라이드 마스터를 이용하여 작성한다.
　　　 – 제목 글꼴(돋움, 40pt, 검정), 가운데 맞춤, 도형(선 없음)
　　　 – 하단 로고(「내 PC\문서\ITQ\Picture\로고1.jpg」, 배경(회색) 투명색으로 설정)

슬라이드 1　　표지 디자인　　40점

(1) 표지 디자인 : 도형, 워드아트 및 그림을 이용하여 작성한다.

세부조건

① 도형 편집
 – 도형에 그림 채우기 :
 「내 PC\문서\ITQ\Picture
 \그림1.jpg」, 투명도 50%
 – 도형 효과 :
 (부드러운 가장자리 5포인트)

② 워드아트 삽입
 – 변환 : 역삼각형
 – 글꼴 : 돋움, 굵게
 – 텍스트 반사 : 근접 반사,
 4pt 오프셋

③ 그림 삽입
 – 「내 PC\문서\ITQ\Picture
 \로고1.jpg」
 – 배경(회색) 투명색으로 설정

슬라이드 2　　목차 슬라이드　　60점

(1) 출력형태와 같이 도형을 이용하여 목차를 작성한다(글꼴 : 굴림, 24pt).
(2) 도형 : 선 없음

세부조건

① 텍스트에 하이퍼링크 적용
 → '슬라이드 5'

② 그림 삽입
 – 「내 PC\문서\ITQ\Picture
 \그림5.jpg」
 – 자르기 기능 이용

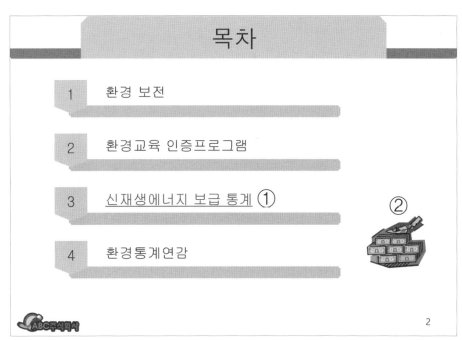

(1) 텍스트 작성 : 글머리 기호 사용(➤, ✔)
　➤문단(굴림, 24pt, 굵게, 줄간격 : 1.5줄), ✔ 문단(굴림, 20pt, 줄간격 : 1.5줄)

세부조건

① 동영상 삽입 :
- 「내 PC₩문서₩ITQ₩Picture ₩동영상.wmv」
- 자동실행, 반복재생 설정

1. 환경 보전

➤ **Global Efforts**

　✔ UNEP 8th special session of the governing council in korea/global ministerial meeting

　✔ Environmental cooperation in northeast asia

　✔ Tripartite Environment Ministers' Meeting (TEMM)

➤ **환경 보전의 의미**

　✔ 인간이 안전하고 건강하며 미적, 문화적으로 쾌적한 생활을 영위할 수 있도록 환경 조건을 좋은 상태로 지키고 유지하며 대기, 수질 등의 환경을 오염으로부터 보호하는 것

ABC주식회사　　　　　　　　　3

---

(1) 도형과 표 작성 기능을 이용하여 슬라이드를 작성한다(글꼴 : 돋움, 18pt).

세부조건

① 상단 도형 :
　2개 도형의 조합으로 작성

② 좌측 도형 :
　그라데이션 효과(선형 아래쪽)

③ 표 스타일 :
　테마 스타일 1 - 강조 3

2. 환경교육 인증프로그램

	프로그램명	목적 및 내용
유아	해양환경체험 교육	해양환경 문제와 실태를 인식하고 체험을 통해 깨끗한 해양환경 구현
	나무 의사 되기	나무 해부학, 심장소리 듣기, 가지치기 및 영양주사 주기, 나뭇잎 손수건 만들기
초등학생	무안갯벌 생태학교	자연 친화적인 생태적 감수성 충전
	기후, 환경 진로체험교실	기후변화에 대한 심각성 이해와 기후변화 대응 인식 및 기후, 환경분야 직업 이해

ABC주식회사　　　　　　　　　4

슬라이드 5 **차트 슬라이드** 100점

(1) 차트 작성 기능을 이용하여 슬라이드를 작성한다.
(2) 차트 : 종류(묶은 세로 막대형), 글꼴(돋움, 16pt), 외곽선

세부조건

※ 차트설명
· 차트제목 : 궁서, 24pt, 굵게,
  채우기(흰색), 테두리,
  그림자(오프셋 오른쪽)
· 차트영역 : 채우기(노랑)
  그림영역 : 채우기(흰색)
· 데이터 서식 : 발전량(GWh)
  계열을 표식이 있는
  꺾은선형으로 변경 후
  보조축으로 지정
· 값 표시 : IGCC의 발전량(GWh)
  계열만

① 도형 삽입
- 스타일 :
  미세효과 – 파랑, 강조1
- 글꼴 : 굴림, 18pt

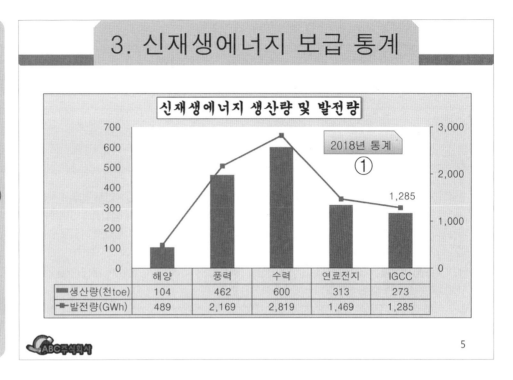

슬라이드 6 **도형 슬라이드** 100점

(1) 슬라이드와 같이 도형 및 스마트아트를 배치한다(글꼴 : 굴림, 18pt).
(2) 애니메이션 순서 : ① ⇒ ②

세부조건

① 도형 및 스마트아트 편집
- 스마트아트 디자인 :
  3차원 광택처리, 3차원 경사
- 그룹화 후 애니메이션 효과 :
  밝기 변화

② 도형 편집
- 그룹화 후 애니메이션 효과 :
  바운드

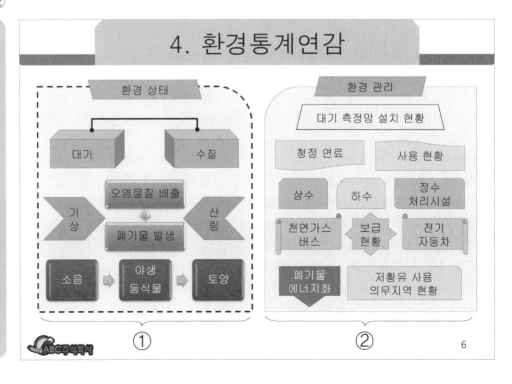

과목	코드	문제유형	시험시간	수험번호	성 명
파워포인트	1142	A	60분	81457029	

수 험 자 유 의 사 항

- 수험자는 문제지를 받는 즉시 문제지와 **수험표상의 시험과목(프로그램)이 동일한지 반드시 확인**하여야 합니다.
- 파일명은 본인의 "수험번호-성명"으로 입력하여 답안폴더(내 PC₩문서₩ITQ)에 하나의 파일로 저장해야 하며, 답안문서 파일명이 "수험번호-성명"과 일치하지 않거나, 답안파일을 전송하지 않아 미제출로 처리될 경우 실격 처리합니다 (예 : 12345678-홍길동.pptx).
- 답안 작성을 마치면 파일을 저장하고, '답안 전송' 버튼을 선택하여 감독위원 PC로 답안을 전송하십시오. 수험생 정보와 저장한 파일명이 다를 경우 전송되지 않으므로 주의하시기 바랍니다.
- 답안 작성 중에도 **주기적으로 저장하고 '답안 전송'**하여야 문제 발생을 줄일 수 있습니다. 작업한 내용을 저장하지 않고 전송할 경우 이전에 저장된 내용이 전송되오니 이점 유의하시기 바랍니다.
- 답안문서는 지정된 경로 외의 다른 보조기억장치에 저장하는 경우, 지정된 시험 시간 외에 작성된 파일을 활용할 경우, 기타 통신 수단(이메일, 메신저, 네트워크 등)을 이용하여 타인에게 전달 또는 외부 반출하는 경우는 부정 처리합니다.
- 시험 중 부주의 또는 고의로 시스템을 파손한 경우는 수험자가 변상해야 하며, 〈수험자 유의사항〉에 기재된 방법대로 이행하지 않아 생기는 불이익은 수험생 당사자의 책임임을 알려 드립니다.
- 문제의 조건은 MS오피스 2016 버전으로 설정되어 있으니 유의하시기 바랍니다.
- 시험을 완료한 수험자는 답안파일이 전송되었는지 확인한 후 감독위원의 지시에 따라 문제지를 제출하고 퇴실합니다.

답 안 작 성 요 령

- 온라인 답안 작성 절차
  수험자 등록 ⇒ 시험 시작 ⇒ 답안파일 저장 ⇒ 답안 전송 ⇒ 시험 종료
- 슬라이드 크기는 A4 Paper로 설정하여 작성합니다.
- 슬라이드의 총 개수는 6개로 구성되어 있으며 슬라이드 1부터 순서대로 작업하고 반드시 문제와 세부조건대로 합니다.
- 별도의 지시사항이 없는 경우 출력형태를 참조하여 글꼴색은 검정 또는 흰색으로 작성하고, 기타사항은 전체적인 균형을 고려하여 작성합니다.
- 슬라이드 도형 및 개체에 출력형태와 다른 스타일(그림자, 외곽선 등)을 적용했을 경우 감점처리 됩니다.
- 슬라이드 번호를 작성합니다(슬라이드 1에는 생략).
- 2~6번 슬라이드 제목 도형과 하단 로고는 슬라이드 마스터를 이용하여 출력형태와 동일하게 작성합니다(슬라이드 1에는 생략).
- 문제와 세부조건, 세부조건 번호 ◌ (점선원)는 입력하지 않습니다.
- 각 객체의 위치는 오른쪽의 슬라이드와 동일하게 구성합니다.
- 그림 삽입 문제의 경우 반드시 「내 PC₩문서₩ITQ₩Picture」 폴더에서 정확한 파일을 선택하여 삽입하십시오.
- 각 슬라이드를 각각의 파일로 작업해서 저장할 경우 실격 처리됩니다.

The Insight KPC
kpc 한국생산성본부

60점

(1) 슬라이드 크기 및 순서 : 크기를 A4 용지로 설정하고 슬라이드 순서에 맞게 작성한다.
(2) 슬라이드 마스터 : 2~6슬라이드의 제목, 하단 로고, 슬라이드 번호는 슬라이드 마스터를 이용하여 작성한다.
  – 제목 글꼴(굴림, 40pt, 검정), 왼쪽 맞춤, 도형(선 없음)
  – 하단 로고(「내 PC\문서\ITQ\Picture\로고1.jpg」, 배경(회색) 투명색으로 설정)

슬라이드 1 표지 디자인 **40점**

(1) 표지 디자인 : 도형, 워드아트 및 그림을 이용하여 작성한다.

세부조건

① 도형 편집
 – 도형에 그림 채우기 :
  「내 PC\문서\ITQ\Picture
  \그림1.jpg」, 투명도 50%
 – 도형 효과 :
  (부드러운 가장자리 10pt)

② 워드아트 삽입
 – 변환 : 역삼각형
 – 글꼴 : 돋움, 굵게
 – 반사 : 근접 반사, 터치

③ 그림 삽입
 – 「내 PC\문서\ITQ\Picture
  \로고1.jpg」
 – 배경(회색) 투명색으로 설정

슬라이드 2 목차 슬라이드 **60점**

(1) 출력형태와 같이 도형을 이용하여 목차를 작성한다(글꼴 : 굴림, 24pt).
(2) 도형 : 선 없음

세부조건

① 텍스트에 하이퍼링크 적용
 → '슬라이드 4'

② 그림 삽입
 – 「내 PC\문서\ITQ\Picture
  \그림5.jpg」
 – 자르기 기능 이용

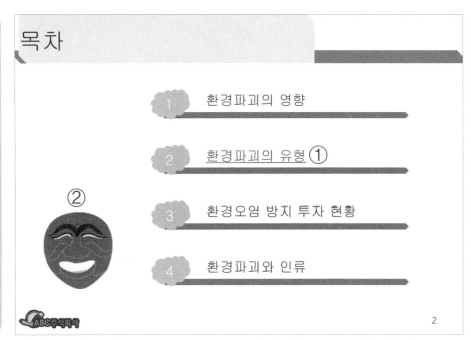

(1) 텍스트 작성 : 글머리 기호 사용(❖, ✔)

　　❖ 문단(돋움, 24pt, 굵게, 줄간격 : 1.5줄), ✔ 문단(돋움, 20pt, 줄간격 : 1.5줄)

세부조건

① 동영상 삽입 :
- 「내 PC₩문서₩ITQ₩Picture ₩동영상. wmv」
- 자동실행, 반복재생 설정

1. 환경파괴의 영향

❖ **Environmental Pollution**

　✔ Pollution is the introduction of contaminants into an environment that causes instability, disorder, harm or discomfort to the ecosystem

　✔ Pollutants is the elements of pollution

❖ **환경 파괴의 이해**

　✔ 인간의 활동에 수반되어 발생하는 대기오염, 수질오염, 토양오염, 열오염, 소음, 지반 침하, 악취 등 인공적 오염 현상에 의한 사회적 내지 환경적 파괴

　✔ 산성비, 공장 매연, 쓰레기, 사업장 폐기물 등

ABC주식회사　　3

(1) 도형과 표 작성 기능을 이용하여 슬라이드를 작성한다(글꼴 : 굴림, 18pt).

세부조건

① 상단 도형 :
　2개 도형의 조합으로 작성

② 좌측 도형 :
　그라데이션 효과(선형 대각선-오른쪽 위에서 왼쪽 아래로)

③ 표 스타일 :
　테마 스타일 1 - 강조 1

2. 환경파괴의 유형

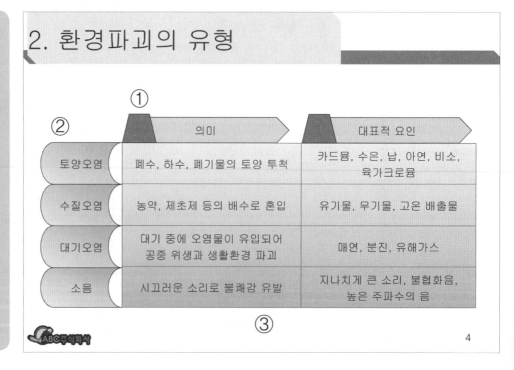

	의미	대표적 요인
토양오염	폐수, 하수, 폐기물의 토양 투척	카드뮴, 수은, 납, 아연, 비소, 육가크로뮴
수질오염	농약, 제초제 등의 배수로 혼입	유기물, 무기물, 고온 배출물
대기오염	대기 중에 오염물이 유입되어 공중 위생과 생활환경 파괴	매연, 분진, 유해가스
소음	시끄러운 소리로 불쾌감 유발	지나치게 큰 소리, 불협화음, 높은 주파수의 음

ABC주식회사　　4

(1) 차트 작성 기능을 이용하여 슬라이드를 작성한다.
(2) 차트 : 종류(묶은 세로 막대형), 글꼴(굴림, 16pt), 외곽선

세부조건

※ 차트설명
· 차트제목 : 돋움, 24pt, 굵게,
  채우기(흰색), 테두리,
  그림자(오프셋 아래쪽)
· 차트영역 : 채우기(노랑)
  그림영역 : 채우기(흰색)
· 데이터 서식 : '대기오염' 계열을
  표식이 있는 꺾은선형으로 변경
  후 보조축으로 지정
· 값표시 : 2009년의 수질오염
  계열만
· 데이터 테이블 표시

① 도형 삽입
– 스타일 :
  미세효과 – 파랑, 강조1
– 글꼴 : 돋움, 18pt

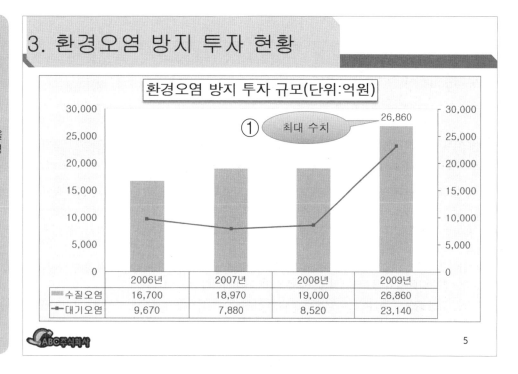

3. 환경오염 방지 투자 현황

환경오염 방지 투자 규모(단위:억원)

	2006년	2007년	2008년	2009년
수질오염	16,700	18,970	19,000	26,860
대기오염	9,670	7,880	8,520	23,140

① 최대 수치 — 26,860

5

(1) 슬라이드와 같이 도형 및 스마트아트를 배치한다(글꼴 : 굴림, 18pt).
(2) 애니메이션 순서 : ① ⇒ ②

세부조건

① 도형 편집
그룹화 후 애니메이션 효과 :
시계 방향 회전

② 도형 및 스마트아트 편집
– 스마트아트 디자인 :
  3차원 광택 처리, 3차원 경사
– 그룹화 후 애니메이션 효과 :
  바운드

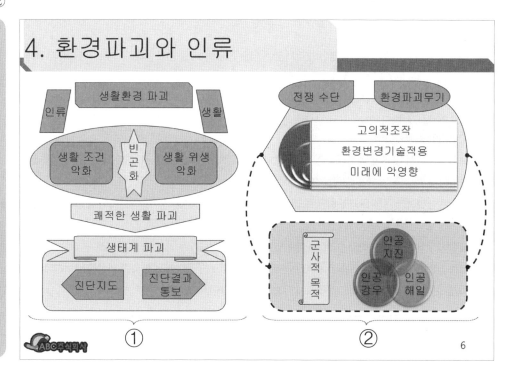

4. 환경파괴와 인류

6

8회 기출문제

과목	코드	문제유형	시험시간	수험번호	성 명
파워포인트	1142	A	60분	59087026	

수 험 자 유 의 사 항

◉ 수험자는 문제지를 받는 즉시 문제지와 **수험표상의 시험과목(프로그램)이 동일한지 반드시 확인**하여야 합니다.

◉ 파일명은 본인의 "수험번호-성명"으로 입력하여 답안폴더(내 PC₩문서₩ITQ)에 하나의 파일로 저장해야 하며, 답안문서 파일명이 "수험번호-성명"과 일치하지 않거나, 답안파일을 전송하지 않아 미제출로 처리될 경우 실격 처리합니다 (예 : 12345678-홍길동.pptx).

◉ 답안 작성을 마치면 파일을 저장하고, '답안 전송' 버튼을 선택하여 감독위원 PC로 답안을 전송하십시오. 수험생 정보와 저장한 파일명이 다를 경우 전송되지 않으므로 주의하시기 바랍니다.

◉ 답안 작성 중에도 **주기적으로 저장하고 '답안 전송'**하여야 문제 발생을 줄일 수 있습니다. 작업한 내용을 저장하지 않고 전송할 경우 이전에 저장된 내용이 전송되오니 이점 유의하시기 바랍니다.

◉ 답안문서는 지정된 경로 외의 다른 보조기억장치에 저장하는 경우, 지정된 시험 시간 외에 작성된 파일을 활용할 경우, 기타 통신 수단(이메일, 메신저, 네트워크 등)을 이용하여 타인에게 전달 또는 외부 반출하는 경우는 부정 처리합니다.

◉ 시험 중 부주의 또는 고의로 시스템을 파손한 경우는 수험자가 변상해야 하며, 〈수험자 유의사항〉에 기재된 방법대로 이행하지 않아 생기는 불이익은 수험생 당사자의 책임임을 알려 드립니다.

◉ 문제의 조건은 MS오피스 2016 버전으로 설정되어 있으니 유의하시기 바랍니다.

◉ 시험을 완료한 수험자는 답안파일이 전송되었는지 확인한 후 감독위원의 지시에 따라 문제지를 제출하고 퇴실합니다.

답 안 작 성 요 령

◉ 온라인 답안 작성 절차
  수험자 등록 ⇒ 시험 시작 ⇒ 답안파일 저장 ⇒ 답안 전송 ⇒ 시험 종료

◉ 슬라이드 크기는 A4 Paper로 설정하여 작성합니다.

◉ 슬라이드의 총 개수는 6개로 구성되어 있으며 슬라이드 1부터 순서대로 작업하고 반드시 문제와 세부조건대로 합니다.

◉ 별도의 지시사항이 없는 경우 출력형태를 참조하여 글꼴색은 검정 또는 흰색으로 작성하고, 기타사항은 전체적인 균형을 고려하여 작성합니다.

◉ 슬라이드 도형 및 개체에 출력형태와 다른 스타일(그림자, 외곽선 등)을 적용했을 경우 감점처리 됩니다.

◉ 슬라이드 번호를 작성합니다(슬라이드 1에는 생략).

◉ 2~6번 슬라이드 제목 도형과 하단 로고는 슬라이드 마스터를 이용하여 출력형태와 동일하게 작성합니다(슬라이드 1에는 생략).

◉ 문제와 세부조건, 세부조건 번호 ⸰⸰⸰ (점선원)는 입력하지 않습니다.

◉ 각 객체의 위치는 오른쪽의 슬라이드와 동일하게 구성합니다.

◉ 그림 삽입 문제의 경우 반드시 「내 PC₩문서₩ITQ₩Picture」 폴더에서 정확한 파일을 선택하여 삽입하십시오.

◉ 각 슬라이드를 각각의 파일로 작업해서 저장할 경우 실격 처리됩니다.

The Insight KPC
kpc 한국생산성본부

전체구성   60점

(1) 슬라이드 크기 및 순서 : 크기를 A4 용지로 설정하고 슬라이드 순서에 맞게 작성한다.
(2) 슬라이드 마스터 : 2~6슬라이드의 제목, 하단 로고, 슬라이드 번호는 슬라이드 마스터를 이용하여 작성한다.
    – 제목 글꼴(돋움, 40pt, 흰색), 가운데 맞춤, 도형(선 없음)
    – 하단 로고(「내 PC₩문서₩ITQ₩Picture₩로고3.jpg」, 배경(연보라) 투명색으로 설정)

슬라이드 1   표지 디자인   40점

(1) 표지 디자인 : 도형, 워드아트 및 그림을 이용하여 작성한다.

세부조건

① 도형 편집
– 도형에 그림 채우기 :
「내 PC₩문서₩ITQ₩Picture
₩그림3.jpg」, 투명도 50%
– 도형 효과 :
(부드러운 가장자리 5pt)

② 워드아트 삽입
– 변환 : 위쪽 수축
– 글꼴 : 돋움, 굵게
– 반사 : 전체 반사, 8pt 오프셋

③ 그림 삽입
– 「내 PC₩문서₩ITQ₩Picture
₩로고3.jpg」
– 배경(연보라) 투명색으로 설정

슬라이드 2   목차 슬라이드   60점

(1) 출력형태와 같이 도형을 이용하여 목차를 작성한다(글꼴 : 굴림, 24pt).
(2) 도형 : 선 없음

세부조건

① 텍스트에 하이퍼링크 적용
→ '슬라이드6'

② 그림 삽입
– 「내 PC₩문서₩ITQ₩Picture
₩그림5.jpg」
– 자르기 기능 이용

(1) 텍스트 작성 : 글머리 기호 사용(❖, ➢)
　　❖ 문단(돋움, 24pt, 굵게, 줄간격 : 1.5줄), ➢ 문단(돋움, 20pt, 줄간격 : 1.5줄)

세부조건

① 동영상 삽입 :
- 「내 PC₩문서₩ITQ₩Picture ₩동영상. wmv」
- 자동실행, 반복재생 설정

1. 눈과 적설량

❖ **Snow and Snowfall**

　➢ The snow is precipitation in the form of flakes of crystalline water ice that fall from clouds

　➢ The snowfall in an area is the amount of snow that falls there during a particular period

❖ **눈과 적설량의 의미**

　➢ 눈 : 공기 중의 수증기가 찬 기운과 만나 얼음 결정을 이루어 지상으로 떨어져 내리는 것

　➢ 적설량 : 눈이 내려 땅에 쌓인 양의 깊이를 직접 관측하는 것

①

3

---

(1) 도형과 표 작성 기능을 이용하여 슬라이드를 작성한다(글꼴 : 돋움, 18pt).

세부조건

① 상단 도형 :
　2개 도형의 조합으로 작성

② 좌측 도형 :
　그라데이션 효과(선형 아래쪽)

③ 표 스타일 :
　테마 스타일 1 – 강조 1

2. 눈의 구분

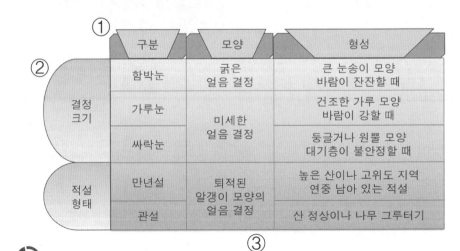

구분		모양	형성
결정 크기	함박눈	굵은 얼음 결정	큰 눈송이 모양 바람이 잔잔할 때
	가루눈	미세한 얼음 결정	건조한 가루 모양 바람이 강할 때
	싸락눈		둥글거나 원뿔 모양 대기층이 불안정할 때
적설 형태	만년설	퇴적된 알갱이 모양의 얼음 결정	높은 산이나 고위도 지역 연중 남아 있는 적설
	관설		산 정상이나 나무 그루터기

① ② ③

4

(1) 차트 작성 기능을 이용하여 슬라이드를 작성한다.
(2) 차트 : 종류(묶은 세로 막대형), 글꼴(굴림, 16pt), 외곽선

세부조건

※ 차트설명
· 차트제목 : 궁서, 24pt, 굵게,
  채우기(흰색), 테두리,
  그림자(오프셋 아래쪽)
· 차트영역 : 채우기(노랑)
  그림영역 : 채우기(흰색)
· 데이터 서식 : '최근 10년 평균'
  계열을 표식이 있는
  꺾은선형으로 변경 후
  보조축으로 지정
· 값표시 : '30년 평균' 계열 전체
· 데이터 테이블 표시

① 도형 삽입
– 스타일 :
  미세효과 – 파랑, 강조1
– 글꼴 : 돋움, 18pt

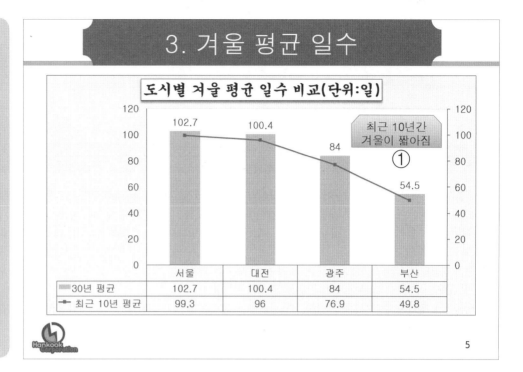

(1) 슬라이드와 같이 도형 및 스마트아트를 배치한다(글꼴 : 굴림, 18pt).
(2) 애니메이션 순서 : ① ⇒ ②

세부조건

① 도형 및 스마트아트 편집
– 스마트아트 디자인 :
  3차원 광택 처리, 3차원 만화
– 그룹화 후 애니메이션 효과 :
  시계 방향 회전

② 도형 편집
그룹화 후 애니메이션 효과 :
바운드

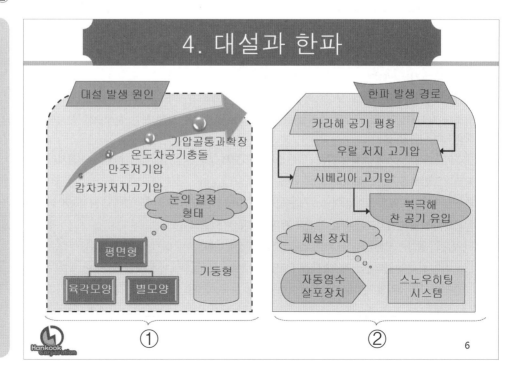

Information Technology Qualification

9회 기출문제

과목	코드	문제유형	시험시간	수험번호	성 명
파워포인트	1142	A	60분	10767021	

수 험 자 유 의 사 항

- 수험자는 문제지를 받는 즉시 문제지와 **수험표상의 시험과목(프로그램)이 동일한지 반드시 확인**하여야 합니다.

- 파일명은 본인의 "수험번호-성명"으로 입력하여 답안폴더(내 PC\문서\ITQ)에 하나의 파일로 저장해야 하며, 답안문서 파일명이 "수험번호-성명"과 일치하지 않거나, 답안파일을 전송하지 않아 미제출로 처리될 경우 실격 처리합니다 (예 : 12345678-홍길동.pptx).

- 답안 작성을 마치면 파일을 저장하고, '답안 전송' 버튼을 선택하여 감독위원 PC로 답안을 전송하십시오. 수험생 정보와 저장한 파일명이 다를 경우 전송되지 않으므로 주의하시기 바랍니다.

- 답안 작성 중에도 **주기적으로 저장하고 '답안 전송'**하여야 문제 발생을 줄일 수 있습니다. 작업한 내용을 저장하지 않고 전송할 경우 이전에 저장된 내용이 전송되오니 이점 유의하시기 바랍니다.

- 답안문서는 지정된 경로 외의 다른 보조기억장치에 저장하는 경우, 지정된 시험 시간 외에 작성된 파일을 활용할 경우, 기타 통신 수단(이메일, 메신저, 네트워크 등)을 이용하여 타인에게 전달 또는 외부 반출하는 경우는 부정 처리합니다.

- 시험 중 부주의 또는 고의로 시스템을 파손한 경우는 수험자가 변상해야 하며, <수험자 유의사항>에 기재된 방법대로 이행하지 않아 생기는 불이익은 수험생 당사자의 책임임을 알려 드립니다.

- 문제의 조건은 MS오피스 2016 버전으로 설정되어 있으니 유의하시기 바랍니다.

- 시험을 완료한 수험자는 답안파일이 전송되었는지 확인한 후 감독위원의 지시에 따라 문제지를 제출하고 퇴실합니다.

답 안 작 성 요 령

- 온라인 답안 작성 절차
  수험자 등록 ⇒ 시험 시작 ⇒ 답안파일 저장 ⇒ 답안 전송 ⇒ 시험 종료

- 슬라이드 크기는 A4 Paper로 설정하여 작성합니다.

- 슬라이드의 총 개수는 6개로 구성되어 있으며 슬라이드 1부터 순서대로 작업하고 반드시 문제와 세부조건대로 합니다.

- 별도의 지시사항이 없는 경우 출력형태를 참조하여 글꼴색은 검정 또는 흰색으로 작성하고, 기타사항은 전체적인 균형을 고려하여 작성합니다.

- 슬라이드 도형 및 개체에 출력형태와 다른 스타일(그림자, 외곽선 등)을 적용했을 경우 감점처리 됩니다.

- 슬라이드 번호를 작성합니다(슬라이드 1에는 생략).

- 2~6번 슬라이드 제목 도형과 하단 로고는 슬라이드 마스터를 이용하여 출력형태와 동일하게 작성합니다(슬라이드 1에는 생략).

- 문제와 세부조건, 세부조건 번호 ◌ (점선원)는 입력하지 않습니다.

- 각 객체의 위치는 오른쪽의 슬라이드와 동일하게 구성합니다.

- 그림 삽입 문제의 경우 반드시 「내 PC\문서\ITQ\Picture」 폴더에서 정확한 파일을 선택하여 삽입하십시오.

- 각 슬라이드를 각각의 파일로 작업해서 저장할 경우 실격 처리됩니다.

The Insight KPC
kpc 한국생산성본부

(1) 슬라이드 크기 및 순서 : 크기를 A4 용지로 설정하고 슬라이드 순서에 맞게 작성한다.
(2) 슬라이드 마스터 : 2~6슬라이드의 제목, 하단 로고, 슬라이드 번호는 슬라이드 마스터를 이용하여 작성한다.
　　　– 제목 글꼴(굴림, 40pt, 흰색), 가운데 맞춤, 도형(선 없음)
　　　– 하단 로고(「내 PC\문서\ITQ\Picture\로고2.jpg」, 배경(회색) 투명색으로 설정)

슬라이드 1　　표지 디자인　　40점

(1) 표지 디자인 : 도형, 워드아트 및 그림을 이용하여 작성한다.

세부조건

① 도형 편집
– 도형에 그림 채우기 :
「내 PC\문서\ITQ\Picture
\그림3.jpg」, 투명도 50%
– 도형 효과 :
(부드러운 가장자리 5pt)

② 워드아트 삽입
– 변환 : 아래로 기울기
– 글꼴 : 굴림, 굵게
– 반사 : 근접 반사, 터치

③ 그림 삽입
– 「내 PC\문서\ITQ\Picture
\로고2.jpg」
– 배경(회색) 투명색으로 설정

슬라이드 2　　목차 슬라이드　　60점

(1) 출력형태와 같이 도형을 이용하여 목차를 작성한다(글꼴 : 돋움, 24pt).
(2) 도형 : 선 없음

세부조건

① 텍스트에 하이퍼링크 적용
→ '슬라이드 5'

② 그림 삽입
– 「내 PC\문서\ITQ\Picture
\그림4.jpg」
– 자르기 기능 이용

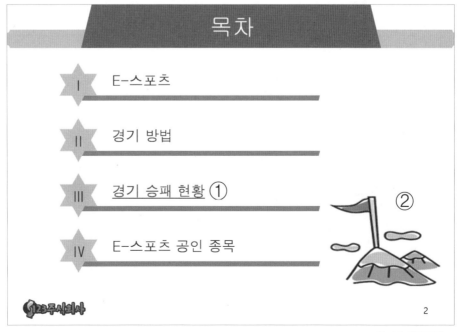

(1) 텍스트 작성 : 글머리 기호 사용(✓, ■)
　　✓ 문단(돋움, 24pt, 굵게, 줄간격 : 1.5줄), ■ 문단(돋움, 20pt, 줄간격 : 1.5줄)

세부조건

① 동영상 삽입 :
－「내 PC\문서\ITQ\Picture \동영상.wmv」
－ 자동실행, 반복재생 설정

Ⅰ. E-스포츠

①

✓ **E-sports game**

　■ E-sports means a person and game between a person, and industry including activity of connection subjects that enclose this and culture that do network game by intermediary

✓ **E-스포츠란?**

　■ 컴퓨터 및 네트워크, 기타 영상 장비 등을 이용하여 승부를 겨루는 스포츠로 지적 능력과 신체적 능력이 필요한 경기

　■ 대회나 리그의 참여, 전파를 통한 중계 관전, 이와 관계되는 커뮤니티 활동 등의 사이버 문화 전반

23주식회사　　3

---

(1) 도형과 표 작성 기능을 이용하여 슬라이드를 작성한다(글꼴 : 굴림, 18pt).

세부조건

① 상단 도형 :
　2개 도형의 조합으로 작성

② 좌측 도형 :
　그라데이션 효과(선형 아래쪽)

③ 표 스타일 :
　테마 스타일 1 - 강조 6

Ⅱ. 경기 방법

①

②

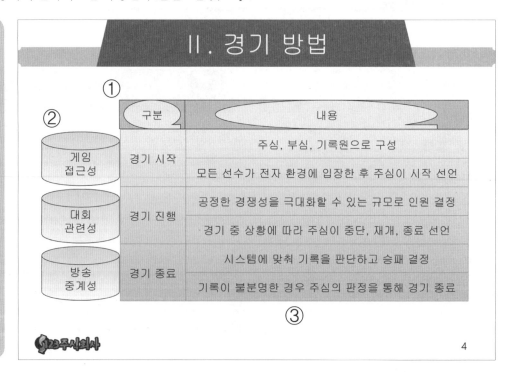

구분	내용
경기 시작	주심, 부심, 기록원으로 구성
경기 시작	모든 선수가 전자 환경에 입장한 후 주심이 시작 선언
경기 진행	공정한 경쟁성을 극대화할 수 있는 규모로 인원 결정
경기 진행	경기 중 상황에 따라 주심이 중단, 재개, 종료 선언
경기 종료	시스템에 맞춰 기록을 판단하고 승패 결정
경기 종료	기록이 불분명한 경우 주심의 판정을 통해 경기 종료

게임 접근성 / 대회 관련성 / 방송 중계성

③

23주식회사　　4

슬라이드 5 · 차트 슬라이드 · 100점

(1) 차트 작성 기능을 이용하여 슬라이드를 작성한다.
(2) 차트 : 종류(묶은 세로 막대형), 글꼴(돋움, 16pt), 외곽선

세부조건

※ 차트설명
· 차트제목 : 궁서, 24pt, 굵게,
 채우기(흰색), 테두리,
 그림자(오프셋 오른쪽)
· 차트영역 : 채우기(노랑)
 그림영역 : 채우기(흰색)
· 데이터 서식 : '승률(%)' 계열을
 표식이 있는 꺾은선형으로 변경
 후 보조축으로 지정
· 값표시 : 웅진의 승률(%) 계열만
· 데이터 테이블 표시

① 도형 삽입
 - 스타일 :
 미세효과 – 파랑, 강조1
 - 글꼴 : 굴림, 18pt

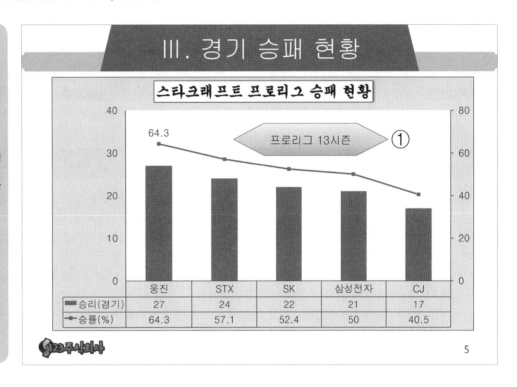

슬라이드 6 · 도형 슬라이드 · 100점

(1) 슬라이드와 같이 도형 및 스마트아트를 배치한다(글꼴 : 굴림, 18pt).
(2) 애니메이션 순서 : ① ⇒ ②

세부조건

① 도형 편집
그룹화 후 애니메이션 효과 :
시계 방향 회전

② 도형 및 스마트아트 편집
 - 스마트아트 디자인 :
 3차원 만화, 3차원 경사
 - 그룹화 후 애니메이션 효과 :
 바운드

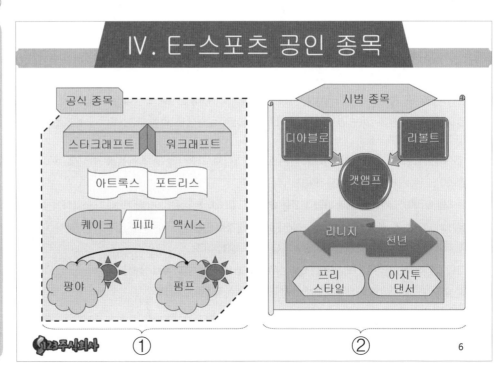

과목	코드	문제유형	시험시간	수험번호	성 명
파워포인트	1142	A	60분	98047030	

수 험 자 유 의 사 항

- 수험자는 문제지를 받는 즉시 문제지와 **수험표상의 시험과목(프로그램)이 동일한지 반드시 확인**하여야 합니다.

- 파일명은 본인의 "수험번호-성명"으로 입력하여 답안폴더(내 PC₩문서₩ITQ)에 하나의 파일로 저장해야 하며, 답안문서 파일명이 "수험번호-성명"과 일치하지 않거나, 답안파일을 전송하지 않아 미제출로 처리될 경우 실격 처리합니다 (예 : 12345678-홍길동.pptx).

- 답안 작성을 마치면 파일을 저장하고, '답안 전송' 버튼을 선택하여 감독위원 PC로 답안을 전송하십시오. 수험생 정보와 저장한 파일명이 다를 경우 전송되지 않으므로 주의하시기 바랍니다.

- 답안 작성 중에도 **주기적으로 저장하고 '답안 전송'**하여야 문제 발생을 줄일 수 있습니다. 작업한 내용을 저장하지 않고 전송할 경우 이전에 저장된 내용이 전송되오니 이점 유의하시기 바랍니다.

- 답안문서는 지정된 경로 외의 다른 보조기억장치에 저장하는 경우, 지정된 시험 시간 외에 작성된 파일을 활용할 경우, 기타 통신 수단(이메일, 메신저, 네트워크 등)을 이용하여 타인에게 전달 또는 외부 반출하는 경우는 부정 처리합니다.

- 시험 중 부주의 또는 고의로 시스템을 파손한 경우는 수험자가 변상해야 하며, <수험자 유의사항>에 기재된 방법대로 이행하지 않아 생기는 불이익은 수험생 당사자의 책임임을 알려 드립니다.

- 문제의 조건은 MS오피스 2016 버전으로 설정되어 있으니 유의하시기 바랍니다.

- 시험을 완료한 수험자는 답안파일이 전송되었는지 확인한 후 감독위원의 지시에 따라 문제지를 제출하고 퇴실합니다.

답 안 작 성 요 령

- 온라인 답안 작성 절차
  수험자 등록 ⇒ 시험 시작 ⇒ 답안파일 저장 ⇒ 답안 전송 ⇒ 시험 종료

- 슬라이드 크기는 A4 Paper로 설정하여 작성합니다.

- 슬라이드의 총 개수는 6개로 구성되어 있으며 슬라이드 1부터 순서대로 작업하고 반드시 문제와 세부조건대로 합니다.

- 별도의 지시사항이 없는 경우 출력형태를 참조하여 글꼴색은 검정 또는 흰색으로 작성하고, 기타사항은 전체적인 균형을 고려하여 작성합니다.

- 슬라이드 도형 및 개체에 출력형태와 다른 스타일(그림자, 외곽선 등)을 적용했을 경우 감점처리 됩니다.

- 슬라이드 번호를 작성합니다(슬라이드 1에는 생략).

- 2~6번 슬라이드 제목 도형과 하단 로고는 슬라이드 마스터를 이용하여 출력형태와 동일하게 작성합니다(슬라이드 1에는 생략).

- 문제와 세부조건, 세부조건 번호 ◌ (점선원)는 입력하지 않습니다.

- 각 객체의 위치는 오른쪽의 슬라이드와 동일하게 구성합니다.

- 그림 삽입 문제의 경우 반드시 「내 PC₩문서₩ITQ₩Picture」 폴더에서 정확한 파일을 선택하여 삽입하십시오.

- 각 슬라이드를 각각의 파일로 작업해서 저장할 경우 실격 처리됩니다.

The Insight KPC
kpc 한국생산성본부

(1) 슬라이드 크기 및 순서 : 크기를 A4 용지로 설정하고 슬라이드 순서에 맞게 작성한다.
(2) 슬라이드 마스터 : 2~6슬라이드의 제목, 하단 로고, 슬라이드 번호는 슬라이드 마스터를 이용하여 작성한다.
　　　– 제목 글꼴(돋움, 40pt, 흰색), 가운데 맞춤, 도형(선 없음)
　　　– 하단 로고(「내 PC₩문서₩ITQ₩Picture₩로고2.jpg」, 배경(회색) 투명색으로 설정)

슬라이드 1　　표지 디자인 40점

(1) 표지 디자인 : 도형, 워드아트 및 그림을 이용하여 작성한다.

세부조건

① 도형 편집
– 도형에 그림 채우기 :
　「내 PC₩문서₩ITQ₩Picture
　₩그림2.jpg」, 투명도 50%
– 도형 효과 :
　(부드러운 가장자리 5pt)

② 워드아트 삽입
– 변환 : 삼각형
– 글꼴 : 돋움, 굵게
– 반사 : 근접 반사, 4pt 오프셋

③ 그림 삽입
– 「내 PC₩문서₩ITQ₩Picture
　₩로고2.jpg」
– 배경(회색) 투명색으로 설정

슬라이드 2　　목차 슬라이드 60점

(1) 출력형태와 같이 도형을 이용하여 목차를 작성한다(글꼴 : 굴림, 24pt).
(2) 도형 : 선 없음

세부조건

① 텍스트에 하이퍼링크 적용
→ '슬라이드 4'

② 그림 삽입
– 「내 PC₩문서₩ITQ₩Picture
　₩그림5.jpg」
– 자르기 기능 이용

(1) 텍스트 작성 : 글머리 기호 사용(❖, ▪)
　　❖문단(굴림, 24pt, 굵게, 줄간격 : 1.5줄), ▪문단(굴림, 20pt, 줄간격 : 1.5줄)

세부조건

① 동영상 삽입 :
- 「내 PC\문서\ITQ\Picture \동영상. wmv」
- 자동실행, 반복재생 설정

1. 스마트교육이란?

❖ **Smart Education**

　▪ "Smart Education" is all the rage in South Korea, driven by both the public and private sectors' efforts to create state-of-the-art learning environment

❖ **스마트교육이란?**

　▪ 정보통신 기술과 이를 기반으로 한 네트워크 자원을 학교 교육에 효과적으로 활용 가능

　▪ 교육 내용, 방법, 평가, 환경 등 교육 체제를 혁신함으로써 모든 학생이 글로벌 리더가 될 수 있도록 재능을 발굴, 육성하는 교육 패러다임

3

(1) 도형과 표 작성 기능을 이용하여 슬라이드를 작성한다(글꼴 : 굴림, 18pt).

세부조건

① 상단 도형 :
　2개 도형의 조합으로 작성

② 좌측 도형 :
　그라데이션 효과(선형 아래쪽)

③ 표 스타일 :
　테마 스타일 1 - 강조 1

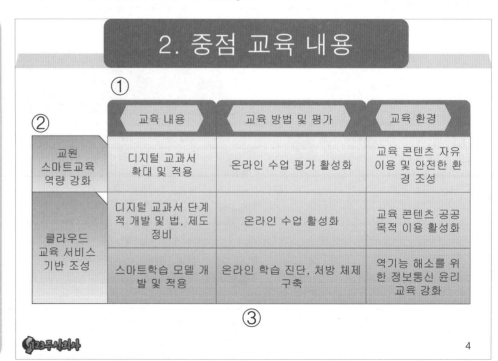

4

(1) 차트 작성 기능을 이용하여 슬라이드를 작성한다.
(2) 차트 : 종류(묶은 세로 막대형), 글꼴(굴림, 16pt), 외곽선

세부조건

※ 차트설명
· 차트제목 : 궁서, 24pt, 굵게,
　채우기(흰색), 테두리,
　그림자(오프셋 아래쪽)
· 차트영역 : 채우기(노랑)
　그림영역 : 채우기(흰색)
· 데이터 서식 : 2010년 계열을
　표식이 있는 꺾은선형으로 변형
· 값표시 : 초등학교의 2010년
　계열만
· 데이터 테이블 표시

① 도형 삽입
- 스타일 :
　미세효과 – 파랑, 강조1
- 글꼴 : 돋움, 18pt

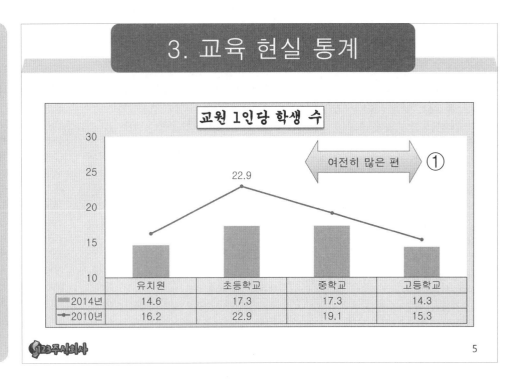

3. 교육 현실 통계

교원 1인당 학생 수

	유치원	초등학교	중학교	고등학교
2014년	14.6	17.3	17.3	14.3
2010년	16.2	22.9	19.1	15.3

여전히 많은 편 ①

5

---

(1) 슬라이드와 같이 도형 및 스마트아트를 배치한다(글꼴 : 굴림, 18pt).
(2) 애니메이션 순서 : ① ⇒ ②

세부조건

① 도형 및 스마트아트 편집
- 스마트아트 디자인 :
　3차원 벽돌, 3차원 광택 처리
- 그룹화 후 애니메이션 효과 :
　시계 방향 회전

② 도형 편집
그룹화 후 애니메이션 효과 :
바운드

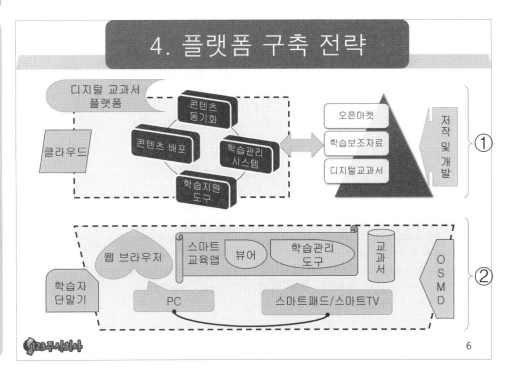

4. 플랫폼 구축 전략

6

교재로 채택하여 강의 중인 컴퓨터학원입니다.

[서울특별시]

한양IT전문학원(서대문구 홍제동 330-54)
유림컴퓨터학원(성동구 성수1가 1동 656-251)
아이콘컴퓨터학원(은평구 갈현동 390-8)
송파컴퓨터회계학원(송파구 송파동 195-6)
강북정보처리학원(은평구 대조동 6-9호)
아이탑컴퓨터학원(구로구 개봉1동 65-5)
신영진컴퓨터학원(구로구 신도림동 437-1)
방학컴퓨터학원(도봉구 방학3동 670)
아람컴퓨터학원(동작구 사당동 우성2차 09상가)
국제컴퓨터학원(서초구 서초대로73길54 디오빌 209호)
백상컴퓨디학원(구로구 구로1동 314-1 극동상가 4층)
엔젤컴퓨터학원(도봉구 창2동 581-28)
독립문컴퓨터학원(종로구 무악동 47-4)
문성컴퓨터학원(동작구 대방동 335-16 대방빌딩 2층)
대건정보처리학원(강동구 명일동 347-3)
제6세대컴퓨터학원(송파구 석촌동 252-5)
명문컴퓨터학원(도봉구 쌍문2동 56)
영우컴퓨터학원(도봉구 방학1동 680-8)
바로컴퓨터학원(강북구 수유2동 245-4)
뚝섬컴퓨터학원(성동구 성수1가2동)
오성컴퓨터학원(광진구 자양3동 553-41)
해인컴퓨터학원(광진구 구의2동 30-15)
푸른솔컴퓨터학원(광진구 자양2동 645-5)
희망컴퓨터학원(광진구 구의동)
경일웹컴퓨터학원(중랑구 신내동 665)
현대정보컴퓨터학원(양천구 신정5동 940-38)
보노컴퓨터학원(관악구 서림동 96-48)
스마트컴퓨터학원(도봉구 창동 9-1)
모드산업디자인학원(노원구 상계동 724)
미주컴퓨터학원(구로구 구로5동 528-7)
미래컴퓨터학원(구로구 개봉2동 403-217)
중앙컴퓨터학원(구로구 구로동 437-1 성보빌딩 3층)
고려아트컴퓨터학원(송파구 거여동 554-3)
노노스창업교육학원(서초구 양재동 16-6)
우신컴퓨터학원(성동구 홍익동 210)
무궁화컴퓨터학원(성동구 행당동 245번지 3층)
영일컴퓨터학원(금천구 시흥1동 838-33호)
셀파컴퓨터회계학원(송파구 송파동 97-43 3층)
지현컴퓨터학원(구로구 구로3동 188-5)

[인천광역시]

이컴IT.회계전문학원(남구 도화2동 87-1)
대성정보처리학원(계양구 효성1동 295-1 3층)
상아컴퓨터학원(경명대로 1124 명인프라자1, 501호)
명진컴퓨터학원(계양구 계산동 946-10 덕수빌딩 6층)
한나래컴퓨터디자인학원(계양구 임학동 6-1 4층)
효성한맥컴퓨터학원(계양구 효성1동 77-5 신한뉴프라자 4층)
시대컴퓨터학원(남동구 구월동 1225-36 롯데프라자 301-1)
피엘컴퓨터학원(남동구 구월동 1249)

하이미디어아카데미(부평구 부평동 199-24 2층)
부평IT멀티캠퍼스학원(부평구 부평5동 199-24 4, 5층)
돌고래컴퓨터아트학원(부평구 산곡동 281-53 풍성프라자 402, 502호)
미래컴퓨터학원(부평구 산곡1동 180-390)
가인정보처리학원(부평구 삼산동 391-3)
서부연세컴퓨터학원(서구 가좌1동 140-42 2층)
이컴학원(서구 석남1동 513-3 4층)
연희컴퓨터학원(서구 심곡동 303-1 새터빌딩 4층)
검단컴퓨터회계학원(서구 당하동 5블럭 5롯트 대한빌딩 4층)
진성컴퓨터학원(연수구 선학동 407 대영빌딩 6층)
길정보처리회계학원(중구 인현동 27-7 창대빌딩 4층)
대화컴퓨터학원(남동구 만수5동 925-11)
new중앙컴퓨터학원(계양구 임학동 6-23번지 3층)

[대전광역시]

학사컴퓨터학원(동구 판암동 203번지 리라빌딩 401호)
대승컴퓨터학원(대덕구 법동 287-2)
열린컴퓨터학원(대덕구 오정동 65-10 2층)
국민컴퓨터학원(동구 가양1동 579-11 2층)
용운컴퓨터학원(동구 용운동 304-1번지 3층)
굿아이컴퓨터학원(서구 가수원동 656-47번지 3층)
경성컴퓨터학원(서구 갈마2동 1408번지 2층)
경남컴퓨터학원(서구 도마동 경남(아)상가 301호)
둔산컴퓨터학원(서구 탄방동 734 3층)
로얄컴퓨터학원(유성구 반석동 639-4번지 웰빙타운 602호)
자운컴퓨터학원(유성구 신성동 138-8번지)
오원컴퓨터학원(중구 대흥동 205-2 4층)
계룡컴퓨터학원(중구 문화동 374-5)
제일정보처리학원(중구 은행동 139-5번지 3층)

[광주광역시]

태봉컴퓨터전산학원(북구 운암동 117-13)
광주서강컴퓨터학원(북구 동림동 1310)
다음정보컴퓨터학원(광산구 신창동 1125-3 건도빌딩 4층)
광주중앙컴퓨터학원(북구 문흥동 999-3)
국제정보처리학원(북구 중흥동 279-60)
굿아이컴퓨터학원(북구 용봉동 1425-2)
나라정보처리학원(남구 진월동 438-3 4층)
두암컴퓨터학원(북구 두암동 602-9)
디지털국제컴퓨터학원(동구 서석동 25-7)
매곡컴퓨터학원(북구 매곡동 190-4)
사이버컴퓨터학원(광산구 운남동 387-37)
상일컴퓨터학원(서구 상무1동 147번지 3층)
세종컴퓨터전산학원(남구 봉선동 155-6 5층)
송정중앙컴퓨터학원(광산구 송정2동 793-7 3층)
신한국컴퓨터학원(광산구 월계동 899-10번지)
에디슨컴퓨터학원(동구 계림동 85-169)
엔터컴퓨터학원(광산구 신가동1012번지 우미아파트상가 2층 201호)

염주컴퓨터학원(서구 화정동 1035 2층)
영진정보처리학원(서구 화정2동 신동아아파트 상가 3층 302호)
이지컴퓨터학원(서구 금호동 838번지)
일류정보처리학원(서구 금호동 741-1 시영1차아파트 상가 2층)
조이컴정보처리학원(서구 치평동 1184-2번지 골든타운 304호)
중앙컴퓨터학원(서구 화정2동 834-4번지 3층)
풍암넷피아정보처리학원(서구 풍암 1123 풍암빌딩 6층)
하나정보처리학원(북구 일곡동 830-6)
양산컴퓨터학원(북구 양산동 283-48)
한성컴퓨터학원(광산구 월곡1동 56-2)

[부산광역시]

신흥정보처리학원(사하구 당리동 131번지)
경원전산학원(동래구 사직동 45-37)
동명정보처리학원(남구 용호동 408-1)
메인컴퓨터학원(사하구 괴정4동 1119-3 희망빌딩 7층)
미래컴퓨터학원(사상구 삼락동 418-36)
미래컴퓨터학원(부산진구 가야3동 301-8)
보성정보처리학원(사하구 장림2동 1052번지 삼일빌딩 2층)
영남컴퓨터학원(기장군 기장읍 대라리 97-14)
우성컴퓨터학원(사하구 괴정동 496-5 대원스포츠 2층)
중앙IT컴퓨터학원(북구 만덕2동 282-5번지)
하남컴퓨터학원(사하구 신평동 590-4)
다인컴퓨터학원(사하구 다대1동 933-19)
자유컴퓨터학원(동래구 온천3동 1468-6)
영도컴퓨터전산회계학원(영도구 봉래동3가 24번지 3층)
동아컴퓨터학원(사하구 당리동 303-11 5층)
동원컴퓨터학원(해운대구 재송동)
문현컴퓨터학원(남구 문현동 253-11)
삼성컴퓨터학원(북구 화명동 2316-1)

[대구광역시]

새빛캐드컴퓨터학원(달서구 달구벌대로 1704 삼정빌딩 7층)
해인컴퓨터학원(북구 동천동 878-3 2층)
셈틀컴퓨터학원(북구 동천동 896-3 3층)
대구컴퓨터캐드회계학원(북구 국우동 1099-1 5층)
동화컴퓨터학원(수성구 범물동 1275-1)
동화회계캐드컴퓨터학원(수성구 달구벌대로 3179 3층)
세방컴퓨터학원(수성구 범어1동 371번지 7동 301호)
네트컴퓨터학원(북구 태전동 409-21번지 3층)
배움컴퓨터학원(북구 복현2동 340-42번지 2층)
윤성컴퓨터학원(북구 복현2동 200-1번지)
명성탑컴퓨터학원(북구 침산2동 295-18번지)
911컴퓨터학원(달서구 달구벌대로 1657 4층)
메가컴퓨터학원(수성구 신매동 267-13 3층)
테라컴퓨터학원(수성구 달구벌대로 3090)

[울산광역시]

엘리트정보처리세무회계(중구 성남동 청송빌딩 2층~6층)

경남컴퓨터학원(남구 신정 2동 명성음악사3,4층)

다운컴퓨터학원(중구 다운동 776-4번지 2층)

대송컴퓨터학원(동구 대송동 174-11번지 방어진농협 대송지소 2층)

명정컴퓨터학원(중구 태화동 명정초등 BUS 정류장 옆)

크린컴퓨터학원(남구 울산병원근처-신정푸르지오 모델하우스 앞)

한국컴퓨터학원(남구 옥동 260-6번지)

한림컴퓨터학원(북구 봉화로 58 신화프라자 301호)

현대문화컴퓨터학원(북구 양정동 523번지 현대자동차문화회관 3층)

인텔컴퓨터학원(울주군 범서면 굴화리 49-5 1층)

대림컴퓨터학원(남구 신정4동 949-28 2층)

미래정보컴퓨터학원(울산시 남구 울산대학교앞 바보사거리 GS25 5층)

서진컴퓨터학원(울산시 남구 달동 1331-13 2층)

송샘컴퓨터학원(동구 방어동 281-1 우성현대 아파트상가 2, 3층)

에셋컴퓨터학원(북구 천곡동 410-6 아진복합상가 310호)

연세컴퓨터학원(남구 무거동 1536-11번지 4층)

홍천컴퓨터학원(남구 무거동(삼호동)1203-3번지)

IT컴퓨터학원(동구 화정동 855-2번지)

THC정보처리컴퓨터(울산시 남구 무거동 아이컨셉안경원 3, 4층)

TOPCLASS컴퓨터학원(울산시 동구 전하1동 301-17번지 2층)

[경기도]

샘물컴퓨터학원(여주군 여주읍 상리 331-19)

인서울컴퓨터디자인학원(안양시 동안구 관양2동 1488-35 골드빌딩 1201호)

경인디지털컴퓨터학원(부천시 원미구 춘의동 116-8 광덕프라자 3층)

에이팩스컴퓨터학원(부천시 원미구 상동 533-11 부건프라자 602호)

서울컴퓨터학원(부천시 소사구 송내동 523-3)

천재컴퓨터학원(부천시 원미구 심곡동 344-12)

대신IT컴퓨터학원(부천시 소사구 송내2동 433-25)

상아컴퓨터학원(부천시 소사구 괴안동 125-5 인광빌딩 4층)

우리컴퓨터전산회계디자인학원(부천시 원미구 심곡동 87-11)

좋은컴퓨터학원(부천시 소사구 소사본3동 277-38)

대명컴퓨터학원(부천시 원미구 중1동 1170 포도마을 삼보상가 3층)

한국컴퓨터학원(용인시 기흥구 구갈동 383-3)

삼성컴퓨터학원(안양시 만안구 안양1동 674-249 삼양빌딩 4층)

나래컴퓨터학원(안양시 만안구 안양5동 627-35 5층)

고색정보컴퓨터학원(수원시 권선구 고색동 890-169)

셀파컴퓨터회계학원(성남시 중원구 금광2동 4359 3층)

탑에듀컴퓨터학원(수원시 팔달구 팔달로2가 130-3 2층)

새빛컴퓨터학원(부천시 오정구 삼정동 318-10 3층)

부천컴퓨터학원(부천시 원미구 중1동 1141-5 다운타운빌딩 403호)

경원컴퓨터학원(수원시 영통구 매탄4동 성일아파트상가 3층)

하나탑컴퓨터학원(광명시 광명6동 374-10)

정수천컴퓨터학원(가평군 석봉로 139-1)

평택비트컴퓨터학원(평택시 비전동 756-14 2층)

[전라북도]

전주컴퓨터학원(전주시 완산구 삼천동1가 666-6)

세라컴퓨터학원(전주시 덕진구 우아동)

비트컴퓨터학원(전북 남원시 왕정동 45-15)

문화컴퓨터학원(전주시 덕진구 송천동 1가 480번지 비사벌빌딩 6층)

등용문컴퓨터학원(전주시 완산구 풍남동1가 15-6번지)

미르컴퓨터학원(전주시 덕진구 인후동1가 857-1 새마을금고 3층)

거성컴퓨터학원(군산시 명산동 14-17 반석신협 3층)

동양컴퓨터학원(군산시 나운동 487-9 SK5층)

문화컴퓨터학원(군산시 문화동 917-9)

하나컴퓨터학원(전주시 완산구 효자동1가 518-59번지 3층)

동양인터넷컴퓨터학원(전주시 완산구 삼천동1가 288-9번지 203호)

골든벨컴퓨터학원(전주시 완산구 평화2동 893-1)

명성컴퓨터학원(군산시 나운1동792-4)

다울컴퓨터학원(군산시 나운동 667-7번지)

제일컴퓨터학원(남원시 도통동 583-4번지)

뉴월드컴퓨터학원(익산시 부송동 762-1 번지 1001안경원 3층)

젬컴퓨터학원(군산시 문화동 920-11)

문경컴퓨터학원(정읍시 연지동 32-11)

유일컴퓨터학원(전주시 덕진구 인후동 안골사거리 태평양약국 2층)

빌컴퓨터학원(군산시 나운동 809-1번지 라파빌딩 4층)

김상미컴퓨터학원(군산시 조촌동 903-1 시영아파트상가 2층)

아성컴퓨터학원(익산시 어양동 부영1차아파트 상가동 202호)

민컴퓨터학원(전주시 완산구 서신동 797-2번지 청담빌딩 5층)

제일컴퓨터학원(익산시 어양동 643-4번지 2층)

현대컴퓨터학원(익산시 동산동 1045-3번지 2층)

이지컴퓨터학원(군산시 동흥남동 404-8 1층)

비전컴퓨터학원(익산시 동산동 607-4)

청어람컴퓨터학원(전주시 완산구 평화동2가 890-5 5층)

정컴퓨터학원(전주시 완산구 삼천동1가 592-1)

영재컴퓨터학원(전라북도 완주군 삼례읍 삼례리 923-23)

탑스터디컴퓨터학원(군산시 수송로 119 은하빌딩 3층)

[전라남도]

한성컴퓨터학원(여수시 문수동 82-1번지 3층)

[경상북도]

현대컴퓨터학원(경북 칠곡군 북삼읍 인평리 1078-6번지)

조은컴퓨터학원(경북 구미시 형곡동 197-2번지)

옥동컴퓨터학원(경북 안동시 옥동 765-7)

청어람컴퓨터학원(경북 영주시 영주2동 528-1)

21세기정보처리학원(경북 영주시 휴천2동 463-4 2층)

이지컴퓨터학원(경북 경주시 황성동 472-44)

한국컴퓨터학원(경북 상주시 무양동 246-5)

예일컴퓨터학원(경북 의성군 의성읍 중리리 714-2)

김복남컴퓨터학원(경북 울진군 울진읍 읍내4리 520-4)

유성정보처리학원(경북 예천군 예천읍 노하리 72-6)

제일컴퓨터학원(경북 군위군 군위읍 서부리 32-19)

미림-엠아이티컴퓨터학원(경북 포항시 북구 장성동 1355-4)

가나컴퓨터학원(경북 구미시 옥계동 631-10)

엘리트컴퓨터외국어스쿨학원(경북 경주시 동천동 826-11번지)

송현컴퓨터학원(안동시 송현동 295-1)

[경상남도]

송기웅전산학원(창원시 진해구 석동 654-3번지 세븐코아 6층 602호)

빌게이츠컴퓨터학원(창원시 성산구 안민동 163-5번지 풍전상가 302호)

예일학원(창원시 의창구 봉곡동 144-1 401~2호)

정우컴퓨터전산회계학원(창원시 성산구 중앙동 89-3)

우리컴퓨터학원(창원시 의창구 도계동 353-13 3층)

웰컴퓨터학원(김해시 장유면 대청리 대청프라자 8동 412호)

이지컴스쿨학원(밀양시 내이동 북성로 71 3층)

비사벌컴퓨터학원(창녕군 창녕읍 말흘리 287-1 1층)

늘샘컴퓨터학원(함양군 함양읍 용평리 694-5 신협 3층)

도울컴퓨터학원(김해시 삼계동 1416-4 2층)

[제주도]

하나컴퓨터학원(제주시 이도동)

탐라컴퓨터학원(제주시 연동)

클릭컴퓨터학원(제주시 이도동)

[강원도]

엘리트컴퓨터학원(강릉시 교1동 927-15)

권정미컴퓨터교습소(춘천시 춘천로 316 2층)

형제컴퓨터학원(속초시 조양동 부영아파트 3동 주상가 305-2호)

강릉컴퓨터교육학원(강릉시 임명로 180 3층 301호)

iTQ
파워포인트 2016

2020.	6. 2.	초 판 1쇄 발행
2021.	6. 28.	개정증보 1판 1쇄 발행
2023.	1. 11.	개정증보 2판 1쇄 발행
2023.	3. 8.	개정증보 2판 2쇄 발행
2024.	1. 10.	개정증보 3판 1쇄 발행
2024.	**6. 19.**	**개정증보 4판 1쇄 발행**

저자와의
협의하에
검인생략

지은이 │ 한정수, IT연구회
펴낸이 │ 이종춘
펴낸곳 │ BM (주)도서출판 성안당
주소 │ 04032 서울시 마포구 양화로 127 첨단빌딩 3층(출판기획 R&D 센터)
│ 10881 경기도 파주시 문발로 112 파주 출판 문화도시(제작 및 물류)
전화 │ 02) 3142-0036
│ 031) 950-6300
팩스 │ 031) 955-0510
등록 │ 1973. 2. 1. 제406-2005-000046호
출판사 홈페이지 │ **www.cyber.co.kr**
도서 내용 문의 │ thismore@hanmail.net
ISBN │ 978-89-315-6220-0 (13000)
정가 │ **18,000원**

이 책을 만든 사람들
책임 │ 최옥현
진행 │ 최창동
본문 디자인 │ 인투
표지 디자인 │ 박원석
홍보 │ 김계향, 임진성, 김주승
국제부 │ 이선민, 조혜란
마케팅 │ 구본철, 차정욱, 오영일, 나진호, 강호묵
마케팅 지원 │ 장상범
제작 │ 김유석

www.cyber.co.kr
성안당 Web 사이트